100 EJERCICIOS Y JUEGOS

seleccionados de

TRIATLÓN

Adolfo Jiménez Sánchez

David Blanco Luengo

Título: 100 EJERCICIOS Y JUEGOS SELECCIONADOS DE TRIATLÓN
Autor: Adolfo Jiménez Sánchez, , David Blanco Luengo, José Fco. Wanceulen Moreno, Antonio Wanceulen Moreno

Fotografía de portada: José María Rodríguez Caro

Editorial: WANCEULEN EDITORIAL
Sello Editorial: WANCEULEN EDITORIAL DEPORTIVA

ISBN (Papel): 978-84-18486-81-4
ISBN (Ebook): 978-84-18486-82-1

DEPÓSITO LEGAL: SE 271-2021

Impreso en España. 2021

WANCEULEN S.L.
C/ Cristo del Desamparo y Abandono, 56 - 41006 Sevilla
Dirección web: www.wanceuleneditorial.com y www.wanceulen.com
Email: info@wanceuleneditorial.com

ÍNDICE

INTRODUCCIÓN

Conocí el triatlón con 10 años, después de comenzar a nadar sobre los 3 años. Tengo 20 años y soy deportista de alto rendimiento, he sido internacional gracias a este deporte que sigo practicando con la misma ilusión y entusiasmo. Para mí es un gran orgullo poder aportar un granito de arena al fomento de los deportes más desconocidos, y más concretamente, el triatlón, que desde mi punto de vista puede aportar valores a una sociedad inmersa en la industria del consumismo deportivo en unos deportes muy específicos.

Paso a explicar brevemente como surgió este deporte y a continuación, una breve explicación del contenido de éste.

El triatlón es un deporte multidisciplinar (natación, ciclismo y carrera a pie) que se realiza en orden y sin interrupción entre una prueba y la siguiente, pasando estas de una a otra en un proceso llamado transición. Este deporte, surgió de una apuesta entre marines norteamericanos que consistía en determinar que disciplina era la mas dura de las tres. Como entre ellos con se pusieron de acuerdo, su comandante tomó la decisión de unificar las 3 disciplinas seguidas, y así se hizo, en HAWAI, un país icónico para este deporte.

En este libro se va a tratar la iniciación a este deporte, comenzando por unos ejercicios simples y aislados de todas las disciplinas en las que su complejidad técnica será muy baja pero su transferencia hacia el rendimiento toma una relevancia muy importante, hasta llegar a realizar transiciones reales con una intensidad media-alta, con los conceptos técnicos ya claros.

La explicación de todos estos ejercicios se verá acompañadas de una representación gráfica, para una mayor comprensión e interpretación de los ejercicios.

Comenzamos por un primer bloque natatorio, específicamente tratando de aumentar significativamente la hidrodinámica de nuestros cuerpos en el medio a tratar con un contenido altamente enfocado a la técnica, tanto de brazos (fase aérea y fase acuática) como de piernas (patada), en los cuales cada vez la complejidad de estos aumentará.

A continuación, unos ejercicios enfocados al ciclismo, segunda disciplina deportiva con enfoque técnico mucho menor y más orientado a la práctica real, con entrenamientos tipo y corrección de posturas.

Para continuar, unos ejercicios de técnica de carrera, tratando desde la posición del tronco hasta el tobillo armado, sin dejar fuera, los aspectos de la cadena cinética tobillo-rodilla-cadera tratada detalladamente.

Para finalizar, proponemos ejercicios de fuerza (autocarga) específicos para una mejora significativa en el rendimiento con el apoyo de estos, tratarán tanto el tren superior como el inferior pasando por un trabajo de fortalecimiento de Core. Estos vendrán acompañados a continuación con un trabajo de estiramientos de forma global, explicados detalladamente.

A lo largo del libro se ha usado el término masculino en general para sintetizar la información todo lo posible. Sin embargo, destaco que cuando se usan los distintos términos nos referimos a ambos géneros.

Concluyendo, me gustaría agradecer la oportunidad que me ha ofrecido mi profesor de varias asignaturas de la carrera, David Blanco Luengo, compartir ciertos conocimientos y experiencia en este deporte, y plasmarlos en este libro.

100 EJERCICIOS Y JUEGOS SELECCIONADOS DE TRIATLÓN

1

OBJETIVO PRINCIPAL: Técnica de crol

OBJETIVO SECUNDARIO: Técnica tracción y recobro

MATERIAL: Lata o botella de agua

EXPLICACIÓN: Coge una lata o mini botella para cada mano y realiza el recorrido entero de la brazada.

OBSERVACIONES:

- Recobro: fase aérea, eleva bien el codo y roza tu cuerpo con la lata para realizar bien todo el recorrido.
- Tracción: Mantén codo elevado y activo para poder hacer la tracción a conciencia.
- Simula la respiración cada dos o cuatro brazadas, manteniendo la oreja lo más pegada al brazo

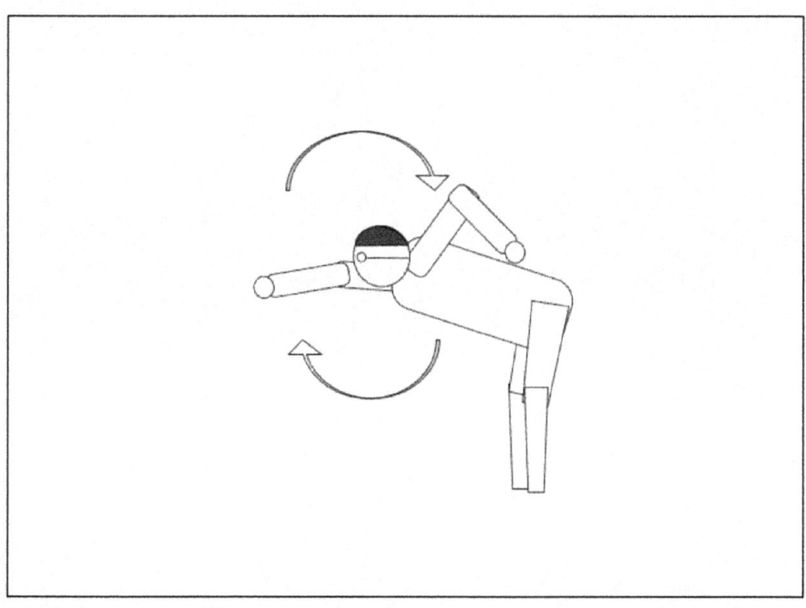

2

OBJETIVO PRINCIPAL: Técnica de crol

OBJETIVO SECUNDARIO: ENTRADA EN EL AGUA Y 1ª FASE DE AGARRE

MATERIAL: Libro

EXPLICACIÓN: Tumbados boca abajo en el suelo colocaremos un libro delante y cerca de nuestra cabeza.
Para realizarlo apoyamos la mano sobre el libro que se encuentra cerca de nuestra cabeza con el codo lo mas alto
posible y realizaremos la extensión completa del brazo manteniendo la mano sobre el libro en todo momento.
Una vez estirado el brazo por completo intentamos regresar a la posición inicial trayendo el libro hacia nosotros intentando que el codo vaya flexionándose y manteniéndose lo mas alto
posible durante el movimiento.

OBSERVACIONES: Repetimos una vez con cada brazo hasta realizar 10 con cada lado.

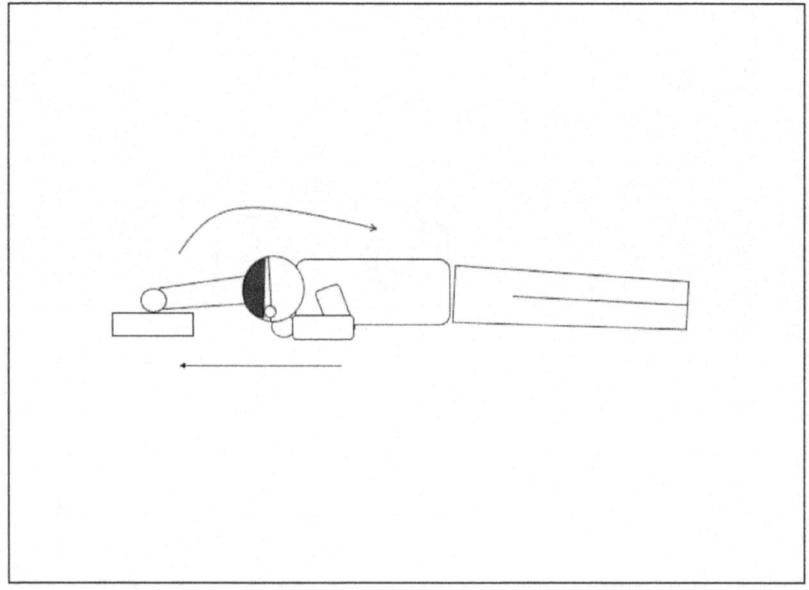

3

OBJETIVO PRINCIPAL: Técnica de crol

OBJETIVO SECUNDARIO: Coordinación mano-pie

MATERIAL: Cojín

EXPLICACIÓN: Tumbados en la cama, colocamos el cojín en los pies. Realizaremos la batida de pies (golpeando el cojín con el empeine), mientras tanto, realizamos una brazada completa de crol, la parte subacuática será rozando la cama con la palma de nuestra mano y a su vez, el lateral de nuestro cuerpo. Procuraremos que la parte de recobro sea con el codo lo más flexionado que podamos. Es muy importante coordinar el movimiento de cuando la palma de la mano toca la cama, con la patada más fuerte en el cojín de la pierna contraria.

OBSERVACIONES: Repetimos 10 veces con cada cadena cruzada.

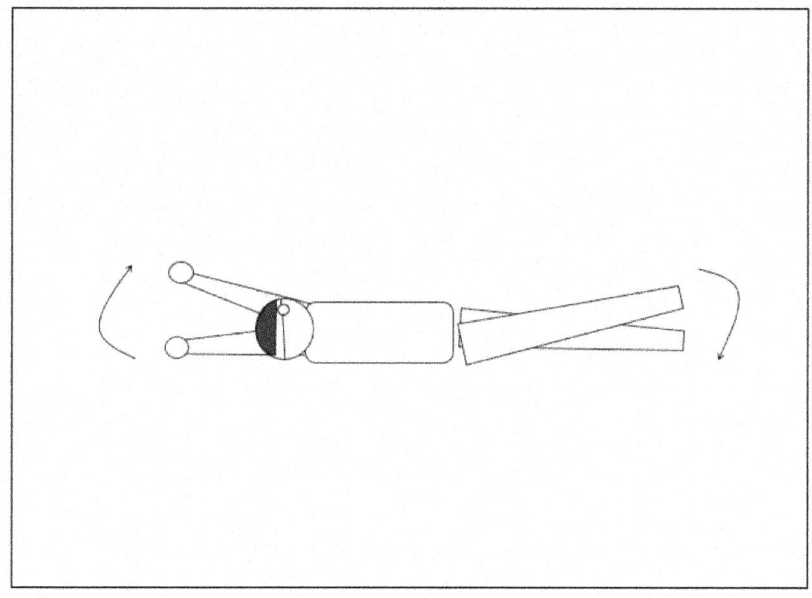

4

OBJETIVO PRINCIPAL: Técnica de crol

OBJETIVO SECUNDARIO: Técnica de patada

MATERIAL: Cojín

EXPLICACIÓN: Nos tumbamos boca abajo en la cama con el cojín en los pies, con los cuales realizaremos la fuerza. Realizaremos patada de crol durante 45 minutos, intentando maximizar el número de éstas. Es importante golpear el cojín con la parte del empeine, es decir, con el pie estirado.

5

OBJETIVO PRINCIPAL: Técnica de crol

OBJETIVO SECUNDARIO: Incremento del número de patadas con trabajo neuromuscular.

EXPLICACIÓN: De pie, realizamos una pequeña flexión de piernas de modo que tomemos impulso para poder realizar un salto. En el momento de "vuelo", realizaremos el mayor número de patadas a crol en el aire, éstas han de ser cortas y rápidas.

OBSERVACIONES: Este ejercicio será realizado durante 45 minutos.

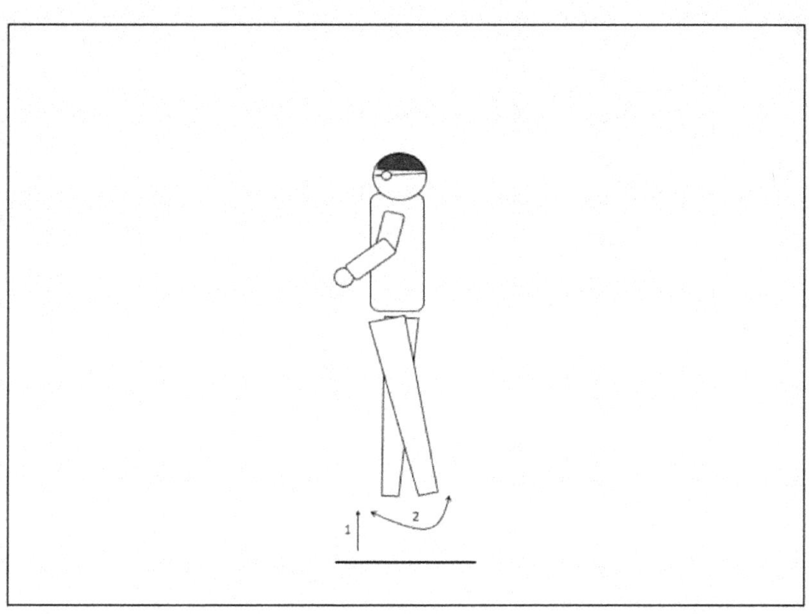

6

OBJETIVO PRINCIPAL: Técnica de crol

OBJETIVO SECUNDARIO: Posición del cuerpo.

MATERIAL: Tabla

EXPLICACIÓN: Nado a pies de crol, la cabeza irá situada dentro del agua y la respiración será lenta y pausada.

OBSERVACIONES: Puedes trabajar este ejercicio tanto con como sin tabla.

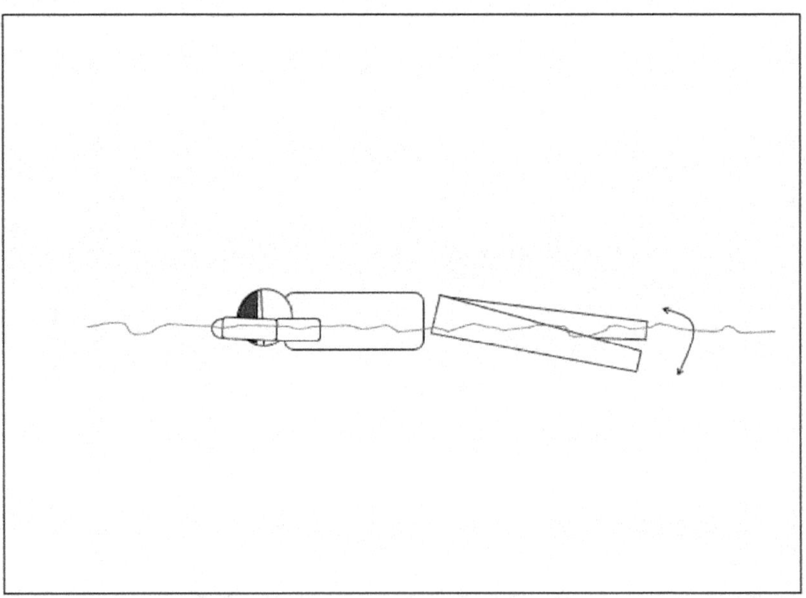

7

OBJETIVO PRINCIPAL: Técnica de crol

OBJETIVO SECUNDARIO: Posición del cuerpo.

EXPLICACIÓN: Nos centraremos en trabajar la flexibilidad de los hombros, para ello realizaremos nado a crol pero sin girar el tronco durante la respiración, moviendo solo la cabeza de manera independiente al tronco.

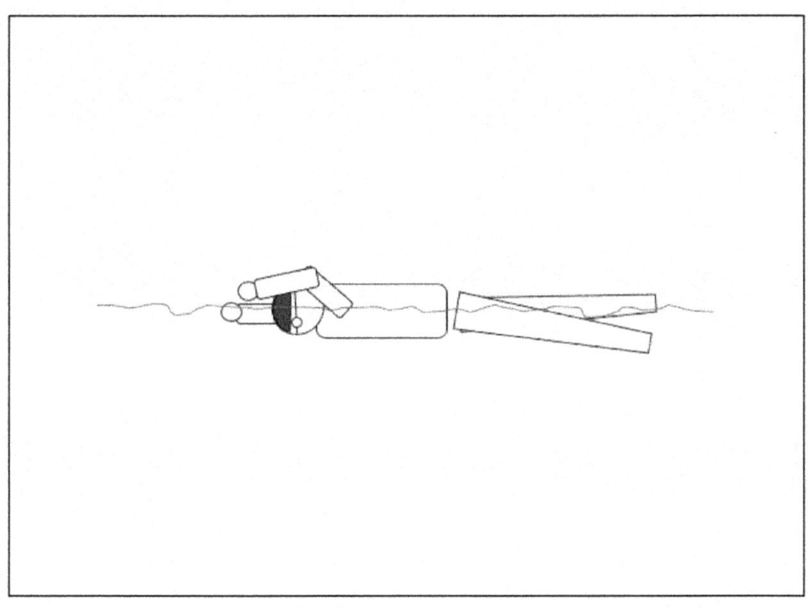

8

OBJETIVO PRINCIPAL: Técnica de crol

OBJETIVO SECUNDARIO: Posición del cuerpo.

EXPLICACIÓN: Practicaremos nado a crol pero realizando el punto muerto. La cabeza irá situada debajo del agua y la mirada hacia delante.

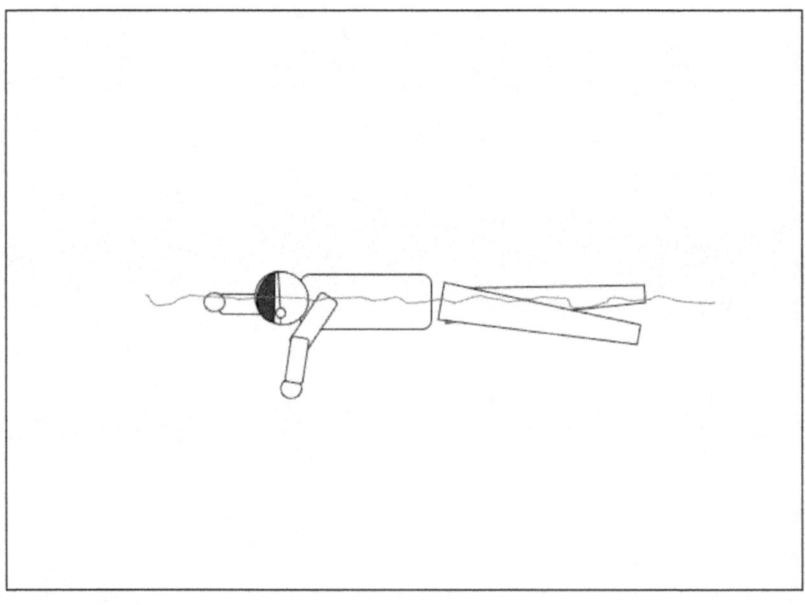

9

OBJETIVO PRINCIPAL: Técnica de crol

OBJETIVO SECUNDARIO: Posición del cuerpo.

MATERIAL: Pull boy.

EXPLICACIÓN: Realizaremos nado a crol, con la variación de colocar el pull boy entre nuestras piernas, de manera que el ejercicio se centrará en la brazada.

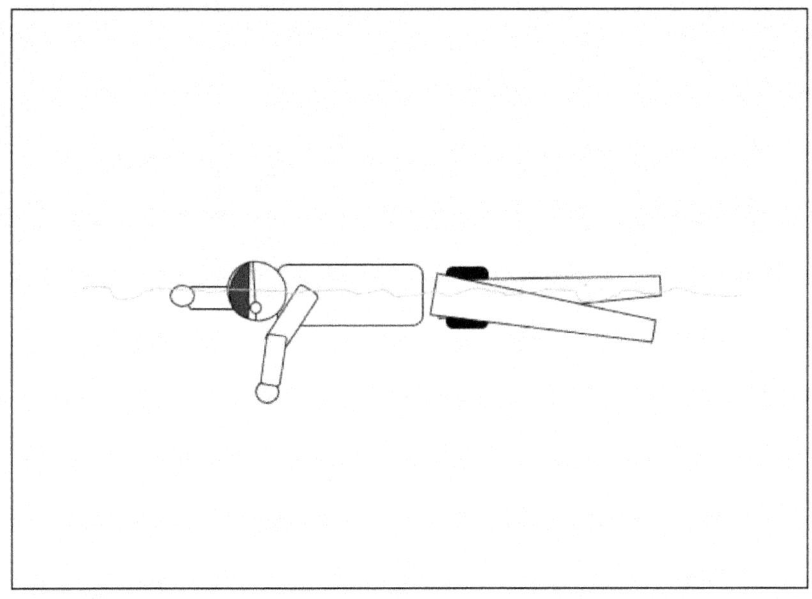

10

OBJETIVO PRINCIPAL: Técnica de crol

OBJETIVO SECUNDARIO: Posición del cuerpo.

MATERIAL: Palas

EXPLICACIÓN: Realizaremos nado a crol, esta vez, introduciendo el uso de palas.

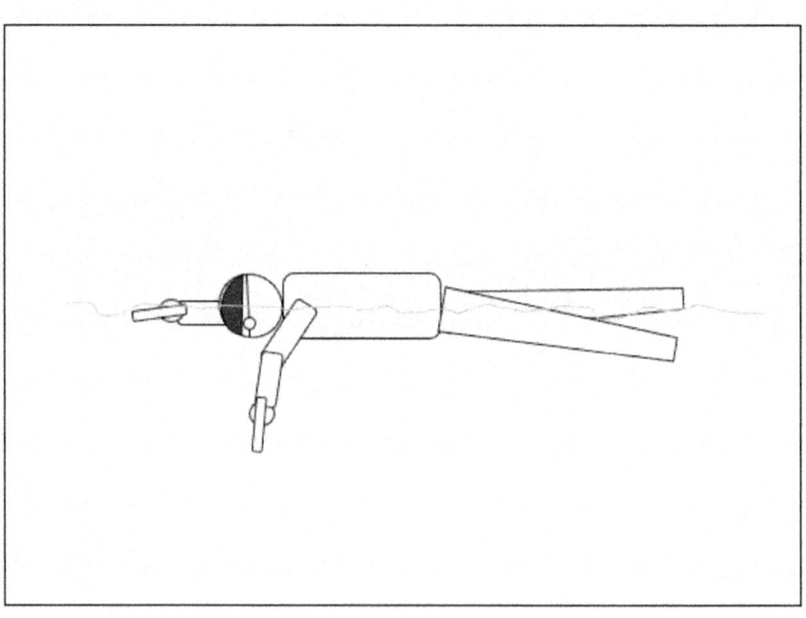

11

OBJETIVO PRINCIPAL: Técnica de crol

OBJETIVO SECUNDARIO: Posición del cuerpo.

EXPLICACIÓN: Practicaremos el nado a crol realizando el punto muerto, de manera que un brazo no comience el ciclo de nado hasta que el otro no lo finalice.

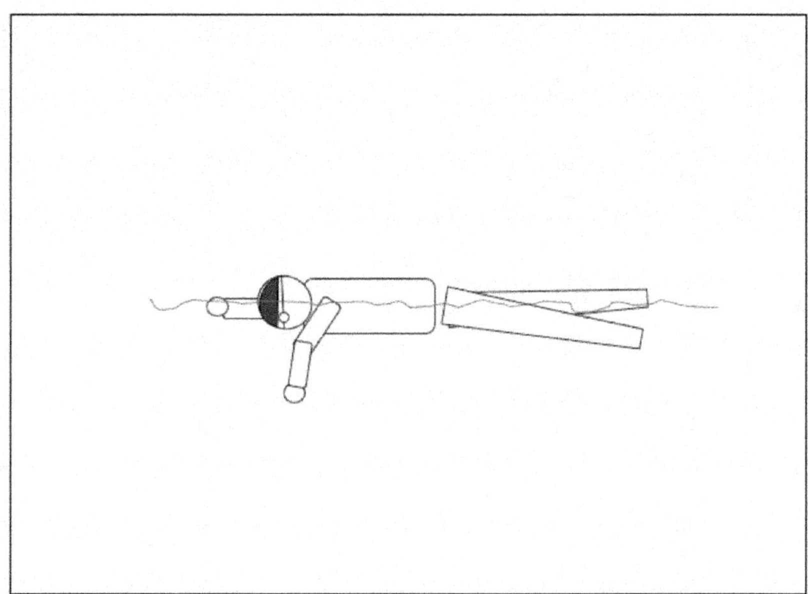

12

OBJETIVO PRINCIPAL: Técnica de crol

OBJETIVO SECUNDARIO: Posición del cuerpo.

EXPLICACIÓN: Realizaremos nado a crol, centrando nuestra atención en buscar la línea del hombro y mantener esta recta.

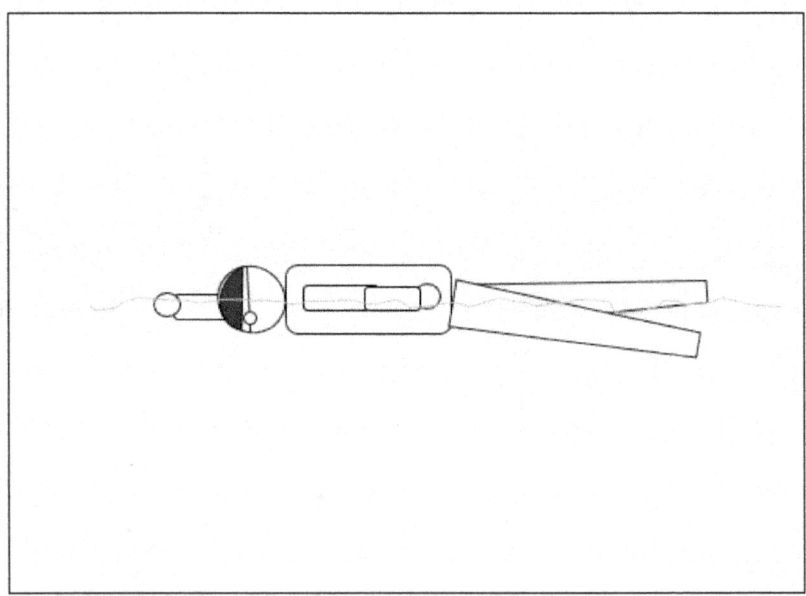

13

OBJETIVO PRINCIPAL: Técnica de crol

OBJETIVO SECUNDARIO: Posición del cuerpo.

EXPLICACIÓN: Realizaremos nado a crol pero en este caso con los puños cerrados.

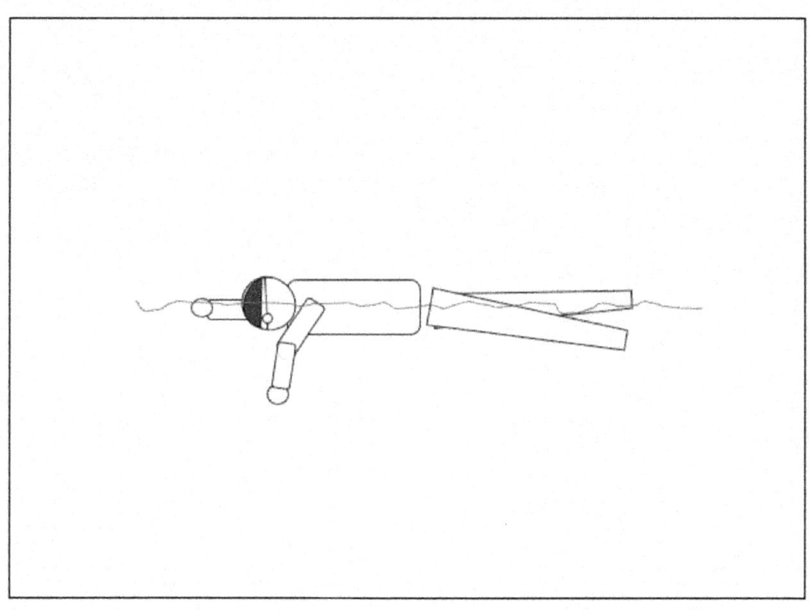

14

OBJETIVO PRINCIPAL: Técnica de crol

OBJETIVO SECUNDARIO: Posición del cuerpo.

EXPLICACIÓN: Realizaremos nado a crol pero en este caso, emplearemos solo un brazo, de modo que el otro se encuentre pegado al cuerpo.

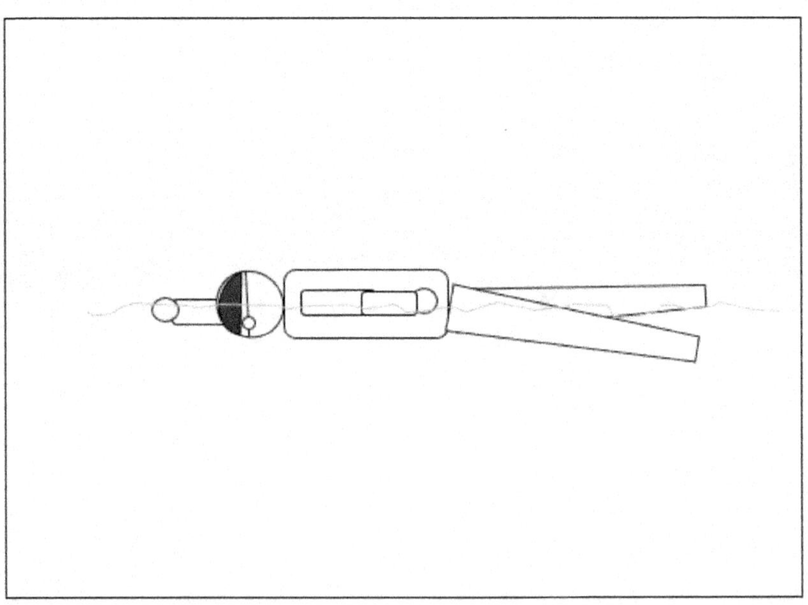

15

OBJETIVO PRINCIPAL: Técnica de crol

OBJETIVO SECUNDARIO: Posición del cuerpo.

EXPLICACIÓN: Realizaremos nado a crol, pero al introducir el brazo en el agua, éste deberá realizar una S por debajo del cuerpo.

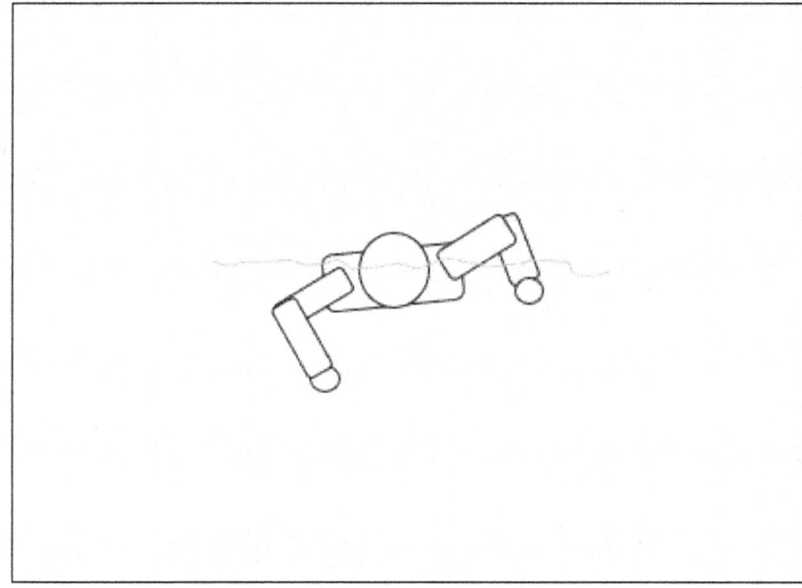

16

OBJETIVO PRINCIPAL: Técnica de crol

OBJETIVO SECUNDARIO: Empuje

EXPLICACIÓN: Realizaremos nado a crol, pero introduciendo una aceleración a mitad del recorrido y finalizando el gesto al máximo.

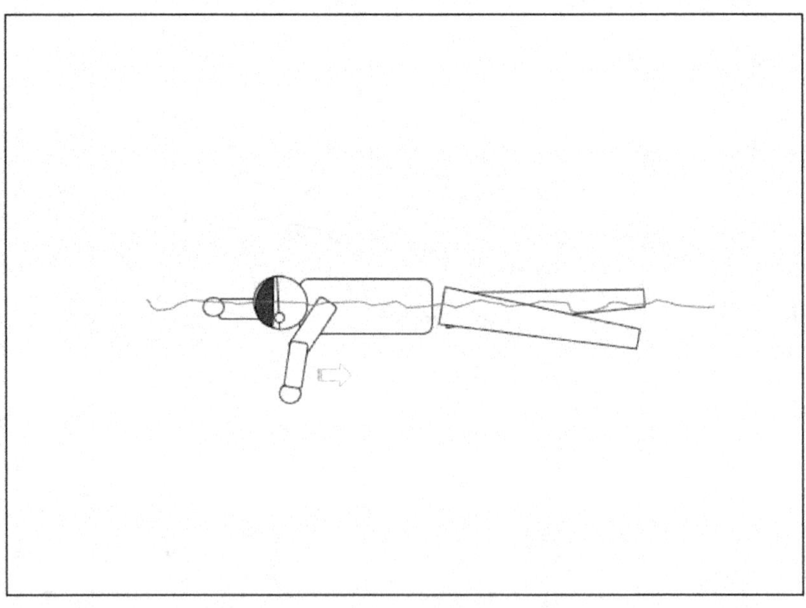

17

OBJETIVO PRINCIPAL: Técnica de crol

OBJETIVO SECUNDARIO: Recobro

EXPLICACIÓN: Realizaremos nado a crol, pero tocando con la mano nuestra axila al dar la brazada.

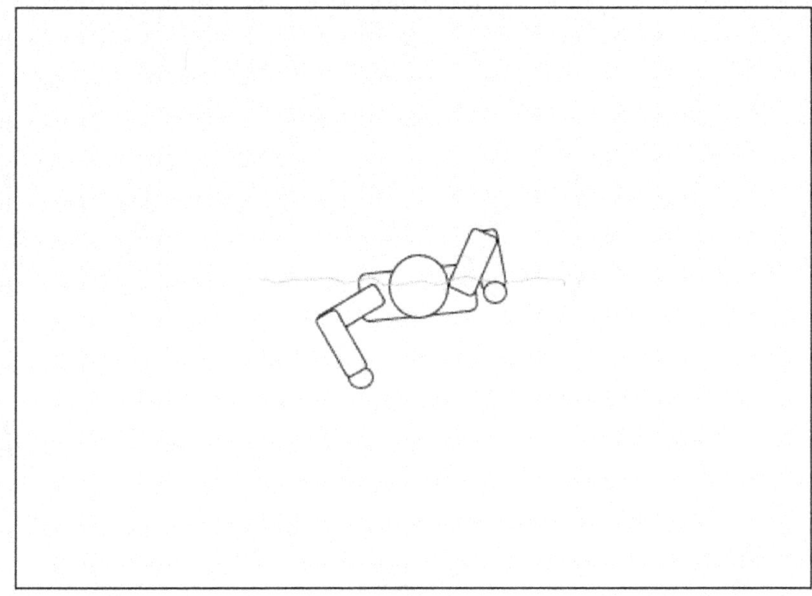

18

OBJETIVO PRINCIPAL: Técnica de crol

OBJETIVO SECUNDARIO: Trabajo de piernas.

MATERIAL: Aletas.

EXPLICACIÓN: Realizaremos nado a crol pero introduciendo las aletas al ejercicio.

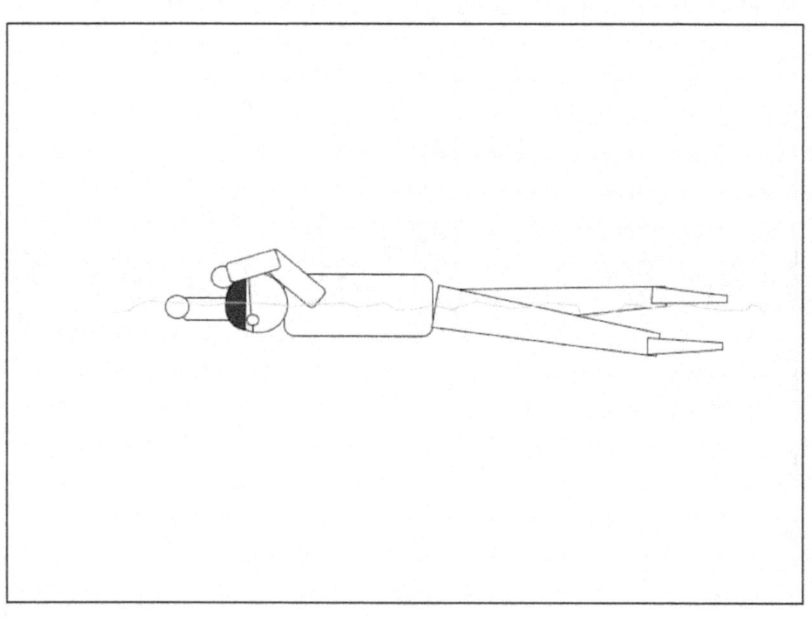

19

OBJETIVO PRINCIPAL: Técnica de crol.

OBJETIVO SECUNDARIO: Trabajo de piernas.

MATERIAL: Pull boy.

EXPLICACIÓN: Realizaremos nado a crol de manera lateral y con un brazo hacia delante. El pull boy irá colocado entre nuestras piernas (la patada será lateral)

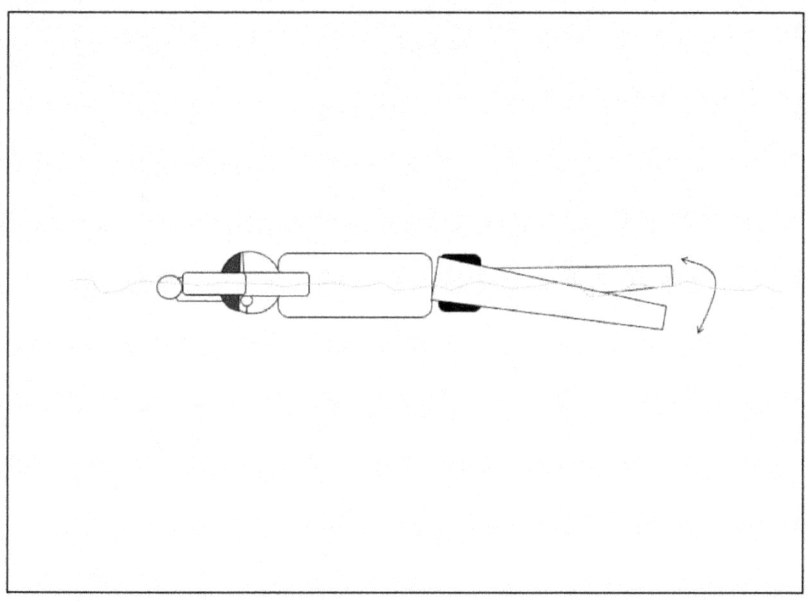

20

OBJETIVO PRINCIPAL: Técnica de crol

OBJETIVO SECUNDARIO: Trabajo de piernas.

EXPLICACIÓN: Realizaremos nado a crol con la cabeza situada fuera del agua, pero mirando hacia delante, sin realizar movimientos bruscos con ésta. La mano deberá tocar la axila cuando se realice el recobro.

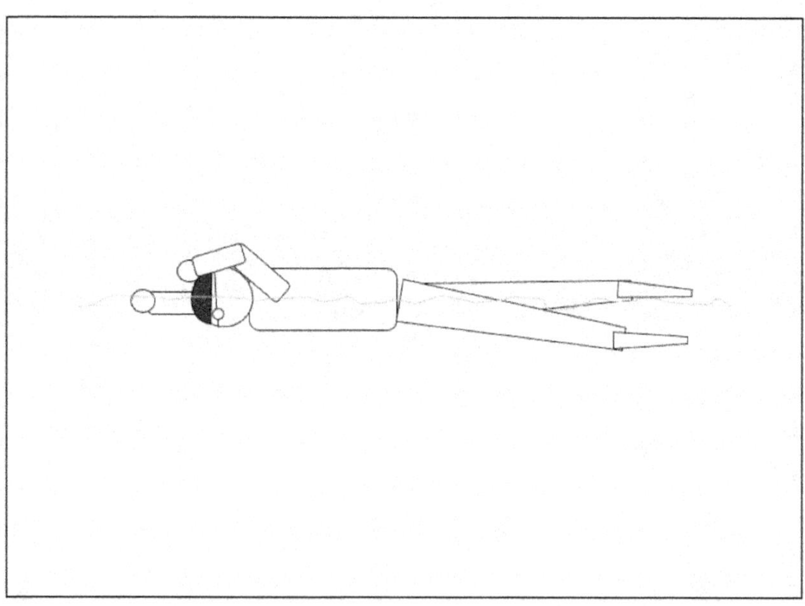

21

OBJETIVO PRINCIPAL: Práctica de resistencia aeróbica.

EXPLICACIÓN: Rodaje en distancia media o larga con duración alta.

OBSERVACIONES: Intensidad baja 60/70%

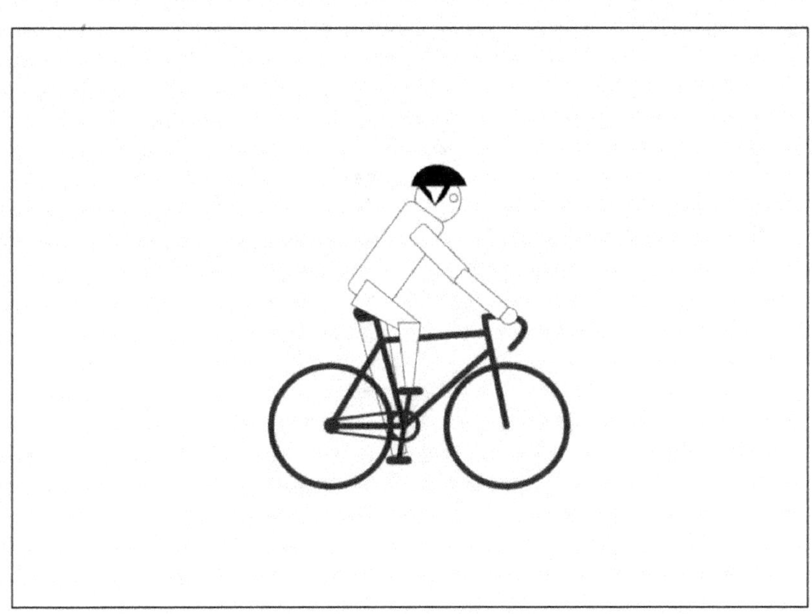

22

OBJETIVO PRINCIPAL: Pedaleo cuadrado.

EXPLICACIÓN: Realizamos pedaleo diferenciando bien sus fases; impulsión hacia adelante, presión hacia abajo, repulsión hacia atrás y elevación. Se pretende automatizar dichos movimientos para que estos requieran menor atención.

OBSERVACIONES: Se practica el método técnico.

23

OBJETIVO PRINCIPAL: Práctica del pedaleo de pie.

EXPLICACIÓN: Pedaleamos en llano, con cambios de ritmo; realizamos aceleraciones cortas en posición de pie cambiando el peso de un pedal a otro.

OBSERVACIONES: Se practica el método técnico.

24

OBJETIVO PRINCIPAL: Mejora de la posición aerodinámica.

EXPLICACIÓN: Realizamos bajadas tratando de lograr la posición lo mas aerodinámica posible, agrupado e inclinación delantera.

OBSERVACIONES: Se practica el método técnico.

25

OBJETIVO PRINCIPAL: Mejora de la posición del tronco.

EXPLICACIÓN: Realizamos pedaleo tratando de no cometer errores básicos en cuanto a la posición del tronco como por ejemplo realizar oscilaciones con la cabeza. Prestamos atención a mantener una posición natural y estable de la cadera, codos flexionados y realizando tracción sobre el acople y tronco agachado buscando la máxima aerodinámica.

OBSERVACIONES: Se practica el método técnico.

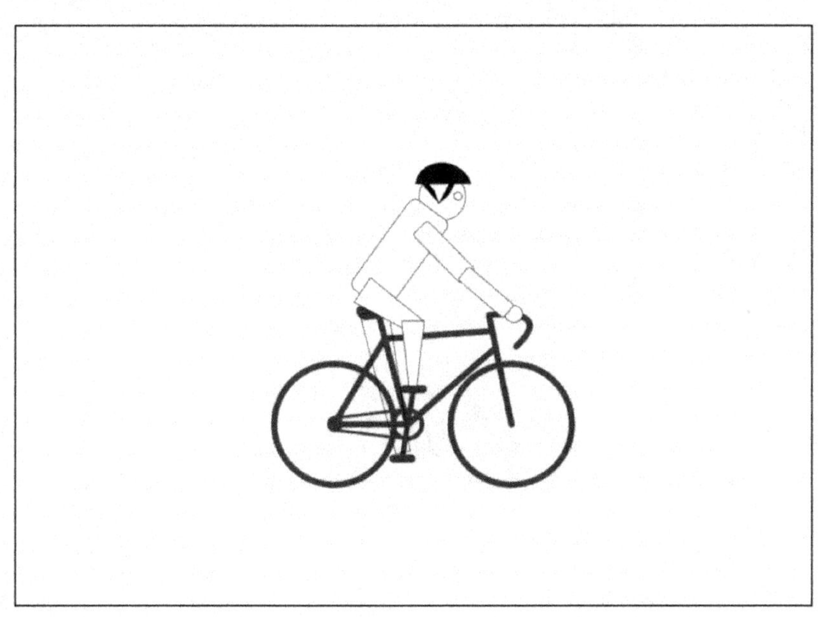

26

OBJETIVO PRINCIPAL: Mejora de la posición de las piernas durante el pedaleo.

EXPLICACIÓN: Realizamos pedaleo tratando de no realizar oscilaciones laterales de la rodilla. Prestamos atención a mantener un pedaleo redondo en llano, tener el tobillo en constante flexión extensión y extensión de la pierna hasta un ángulo de unos 170 grados.

OBSERVACIONES: Se practica el método técnico.

27

OBJETIVO PRINCIPAL: Mejora del movimiento al completo durante el pedaleo.

EXPLICACIÓN: Realizamos pedaleo, tratando de no adelantar excesivamente el cuerpo en las subidas y prestando atención a rodar en línea recta sin desviaciones laterales, realizar pedaleo en pistón en las subidas, adelantar el cuerpo en las bajadas y máxima aerodinámica.

OBSERVACIONES: Se practica el método técnico.

28

OBJETIVO PRINCIPAL: Resistencia aeróbica y picos de potencia aeróbica.

EXPLICACIÓN: Realizamos un rodaje continuo extensivo desde 30 min a 1 hora y 30 min.

OBSERVACIONES: La intensidad debe oscilar entre el 75 y el 85%. Es aconsejable trabajar con una buena base aeróbica y adaptando el ejercicio a la edad correspondiente.

29

OBJETIVO PRINCIPAL: Resistencia aeróbica y picos te potencia aeróbica.

EXPLICACIÓN: Realizamos un pedaleo con la introducción del método Fartlek. En desniveles pequeños de 30 a 90s, aumentar levemente la intensidad mantener el desarrollo e intentar una velocidad constante.

OBSERVACIONES: La intensidad debe oscilar entre el 60 y el 65%. Es aconsejable trabajar con   una buena base aeróbica y adaptando el ejercicio a la edad correspondiente.

30

OBJETIVO PRINCIPAL: Mejora de la potencia aeróbica justo por debajo del umbral anaeróbico.

EXPLICACIÓN: Realizamos entrenamiento de series con intervalos de recuperaciones. La duración de las series puede variar desde los 5 a los 30 min con recuperaciones intermedias en las que disminuya la intensidad.

OBSERVACIONES: La intensidad debe oscilar entre el 80 y el 85%.

31

OBJETIVO PRINCIPAL: Mejora de la fuerza resistencia, resistencia aeróbica, potencia aeróbica y anaeróbica (según distancia, desnivel…)

EXPLICACIÓN: Entrenamiento de series con la introducción de intervalos de recuperaciones. La duración de las series puede variar entre los 5 y los 30 minutos con recuperaciones intermedias en las que se reduce la intensidad.

OBSERVACIONES: Se denomina método cuestas.

32

OBJETIVO PRINCIPAL: Mejora de potencia aeróbica y trabajo anaeróbico con acumulación de lactato.

EXPLICACIÓN: Rodaje continuo con intensidad progresiva, empezamos en 55% y acabamos en 90%.

OBSERVACIONES: Se trata de método progresivo. Es aconsejable trabajar con una buena base aeróbica y adaptando el ejercicio a la edad correspondiente.

33

OBJETIVO PRINCIPAL: Trabajar la potencia aeróbica y trabajo anaeróbico.

EXPLICACIÓN: Realizamos un rodaje continuo, empezamos a un 85% de intensidad y finalizamos en un 90%. La recuperación debe variar entre el 55 y el 60% entre repeticiones y series. Y la duración de entre 3 y 4 min cada repetición.

OBSERVACIONES: Es aconsejable trabajar con una buena base aeróbica y adaptando el ejercicio a la edad correspondiente.

34

OBJETIVO PRINCIPAL: Potencia anaeróbica por encima del umbra anaeróbico.

EXPLICACIÓN: Realizamos un rodaje continuo al 90% de la intensidad, buscando el máximo. La recuperación debe variar entre el 55 y el 60% entre repeticiones y series. Y la duración de entre 3 y 4 min cada repetición.

OBSERVACIONES: Es aconsejable trabajar con una buena base aeróbica y adaptando el ejercicio a la edad correspondiente.

35

OBJETIVO PRINCIPAL: Técnica de carrera

OBJETIVO SECUNDARIO: Posicionamiento del tronco.

EXPLICACIÓN: Realizamos carrera, prestando atención a los siguientes aspectos del tronco; ligera inclinación hacia delante y cabeza mirando hacia delante (100 metros)

36

OBJETIVO PRINCIPAL: Técnica de carrera

EXPLICACIÓN: Realizamos carrera centrando nuestra atención en no cometer los siguientes errores; No extender completamente la pierna de impulso, no realizar elevación de rodillas, apoyar toda la planta del pie, mover en exceso los brazos o el cuello, desequilibrar la postura o mirar al suelo.

37

OBJETIVO PRINCIPAL: Técnica de carrera

EXPLICACIÓN: Andar solamente con el apoyo de las puntas de los pies.

38

OBJETIVO PRINCIPAL: Técnica de carrera

EXPLICACIÓN: Entreno de la técnica de carrera mediante la combinación de talón y punta.

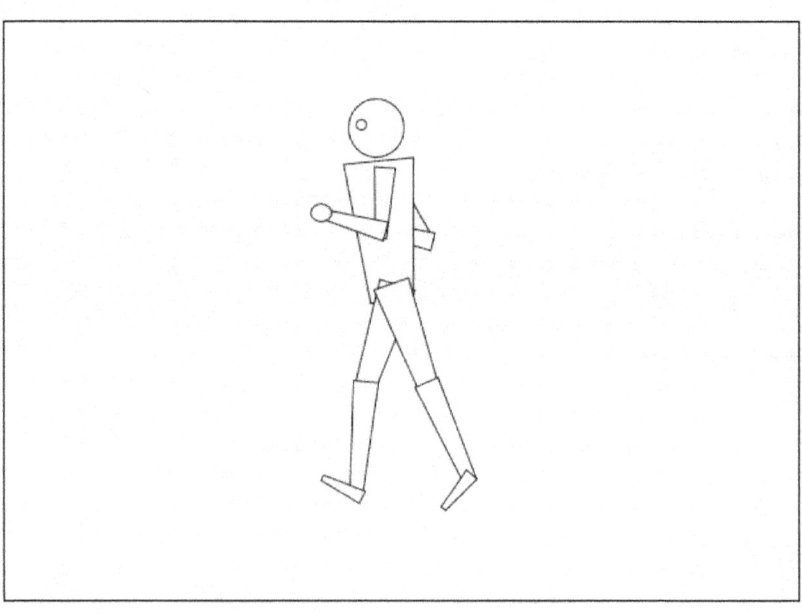

39

OBJETIVO PRINCIPAL: Técnica de carrera

EXPLICACIÓN: Realizamos desequilibrios hacia delante dejándonos caer, y salimos acelerando y recuperando de nuevo el equilibrio.

40

OBJETIVO PRINCIPAL: Técnica de carrera

EXPLICACIÓN: Realizamos zancadas largas con ambas piernas sucesivamente.

41

OBJETIVO PRINCIPAL: Técnica de carrera

EXPLICACIÓN: Práctica de la técnica de carrera mediante la elevación sucesiva de una rodilla y otra.

42

OBJETIVO PRINCIPAL: Técnica de carrera

EXPLICACIÓN: Práctica de la técnica de carrera a través de la elevación de los talones a los glúteos.

43

OBJETIVO PRINCIPAL: Técnica de carrera

EXPLICACIÓN: Práctica de la técnica de carrera mediante la realización de skipping en este caso con la pierna derecha.

44

OBJETIVO PRINCIPAL: Técnica de carrera

EXPLICACIÓN: Practica de la técnica de carrera realizando skipping en este caso con la pierna izquierda.

45

OBJETIVO PRINCIPAL: Técnica de carrera

EXPLICACIÓN: Práctica de la técnica de carrera mediante la realización de zarpazos con ambas piernas. Para ello, elevamos la rodilla flexionada y a continuación la bajamos rápidamente buscando el suelo.

46

OBJETIVO PRINCIPAL: Técnica de carrera

EXPLICACIÓN: Realizamos carrera continua pero en este caso, marcando el apoyo del talón y prestando atención al impulso de la punta.

47

OBJETIVO PRINCIPAL: Técnica de carrera

EXPLICACIÓN: Práctica de la técnica de carrera mediante la realización de "tijeras" hacia adelante pero con el apoyo solo de las puntas

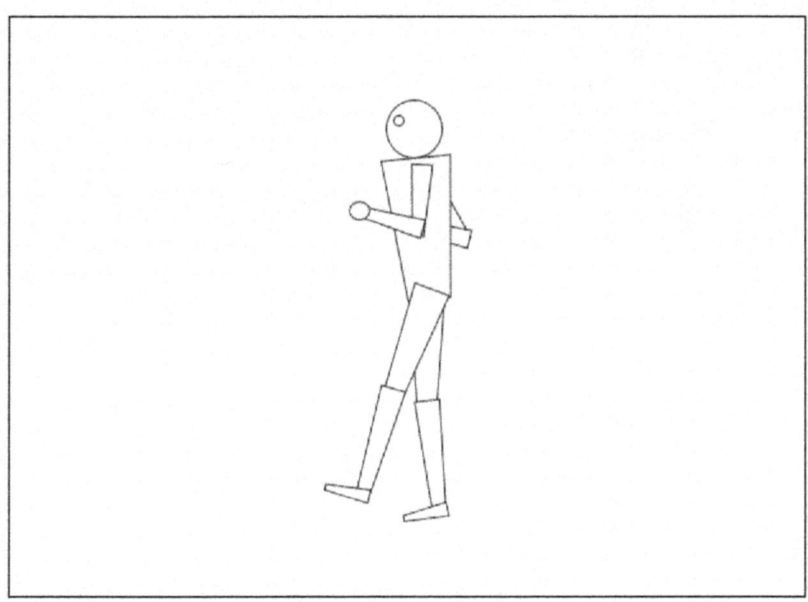

48

OBJETIVO PRINCIPAL: Resistencia y potencia aeróbica

EXPLICACIÓN: Realización de carrera continua, incluyendo pequeñas aceleraciones (unas 10) al final del trabajo. Todo bajo una intensidad del 60-70%

OBSERVACIONES: El tiempo de trabajo irá desde los 30 hasta los 60 minutos y no debemos sobrepasar las 150 pulsaciones por minuto.

49

OBJETIVO PRINCIPAL: Resistencia y potencia aeróbica.

EXPLICACIÓN: Realización de carrera continua en una distancia de 5 a 10 km, variando la intensidad, entre un 60 y un 65% y posteriormente entre un 80 y un 85%

OBSERVACIONES: El tiempo de trabajo irá entre los 30 y los 40 minutos, sin sobrepasar las 150 pulsaciones por minuto.

50

OBJETIVO PRINCIPAL: Potencia aeróbica

EXPLICACIÓN: Practicaremos el método de las series rotas. Para ello alternaremos distancias con intensidades ligeramente superiores a competición pero con series inferiores a las de competición. Estas series irán de 2 a 6 minutos. En este caso la intensidad rondará nuevamente en un primer momento entre el 60 y el 65% y más adelante entre el 80 y el 85%

OBSERVACIONES: No debemos sobrepasar las 150 pulsaciones por minuto.

51

OBJETIVO PRINCIPAL: Fuerza resistencia, resistencia aeróbica, potencia aeróbica y anaeróbica. Depende de factores como el desnivel, distancia, intensidad…

EXPLICACIÓN: Realizamos el método de cuestas con una intensidad de 65 al 90%. Las series rondarán de los 30 segundos hasta los 2 minutos.

OBSERVACIONES: Incluiremos intervalos de recuperaciones activas al 50-60% con una duración similar a la del tiempo de trabajo que realicemos.

52

OBJETIVO PRINCIPAL: Potencia aeróbica y anaeróbica.

EXPLICACIÓN: Realizamos carrera continua a velocidad constante en llano y a una intensidad del 80 al 95%. Incluimos descanso activo al 55%

OBSERVACIONES: Trabajaremos con una buena base de trabajo aeróbico previo y bajo las características aconsejables según edad.

53

OBJETIVO PRINCIPAL: Resistencia y potencia aeróbica

EXPLICACIÓN: Realizamos carrera continua a una intensidad de entre el 80 y el 90%. Los tiempos de trabajo irán de 4 a 10 minutos por lo que la distancia estimada variará entre 1,5 y 3kms.

OBSERVACIONES: Incluiremos intervalos de recuperaciones activas al 55%

54

OBJETIVO PRINCIPAL: Práctica de transiciones.

EXPLICACIÓN: Se realizan 50km de bici y añadimos 30-40 minutos de carrera en ritmos cómodos, es decir periodos no competitivos.

OBSERVACIONES: Para triatletas que se inician, se trata de un ejercicio de intensidad baja.

55

OBJETIVO PRINCIPAL: Práctica de transiciones.

EXPLICACIÓN: Se realiza 40 km de bici y a continuación 15 minutos de carrera a ritmo competitivo. Este entreno seria adecuado para la semana previa a una competición.

OBSERVACIONES: Para triatletas que se inician, se trata de un ejercicio de intensidad baja.

56

OBJETIVO PRINCIPAL: Practicar los cambios en boxes.

MATERIAL: Indumentaria de natación, bicicleta y carrera.

EXPLICACIÓN: Se trata de simular los cambios de ropa que se dan en los boxes con la finalidad de automatizarlos y de este modo ahorrar tiempo a la hora de llevarlos a cabo en las competiciones.

OBSERVACIONES: Para triatletas que se están iniciando.

57

OBJETIVO PRINCIPAL: Practica de transiciones.

EXPLICACIÓN: Se trata de realizar salidas de bici aeróbicas y combinar éstas con partidos de fútbol, baloncesto… También sería interesante introducir los patines en línea.

OBSERVACIONES: Para triatletas que se inician, se trata de unas transiciones más lúdicas y dinámicas.

58

OBJETIVO PRINCIPAL: Práctica de transiciones.

EXPLICACIÓN: Se realizarán multitransiciones en piscina para automatizar los pasos que se deben realizar. Se trata de 300m de nado crol, a continuación 10 min de rodillo y por último dos vueltas corriendo a la piscina.

OBSERVACIONES: Para triatletas que se inician, se trata de unas transiciones más lúdicas y dinámicas.

59

OBJETIVO PRINCIPAL: Estiramiento

OBJETIVO SECUNDARIO: Estiramiento específico de cervicales

EXPLICACIÓN: Colocamos el brazo agarrándonos la cabeza por un lado y estiramos hacia el opuesto.

OBSERVACIONES: Aplicar la tensión adecuada.

60

OBJETIVO PRINCIPAL: Estiramiento.

OBJETIVO SECUNDARIO: Estiramiento específico de tríceps.

EXPLICACIÓN: Cruzamos los brazos por detrás de la espalda y los enlazamos, uno por arriba y el otro por abajo.

OBSERVACIONES: Aplicar la tensión adecuada.

61

OBJETIVO PRINCIPAL: Estiramiento.

OBJETIVO SECUNDARIO: Estiramiento específico de rotatorios.

EXPLICACIÓN: Levantamos los brazos arriba y los cruzamos por encima de la cabeza generando tensión.

OBSERVACIONES: Aplicar la tensión adecuada.

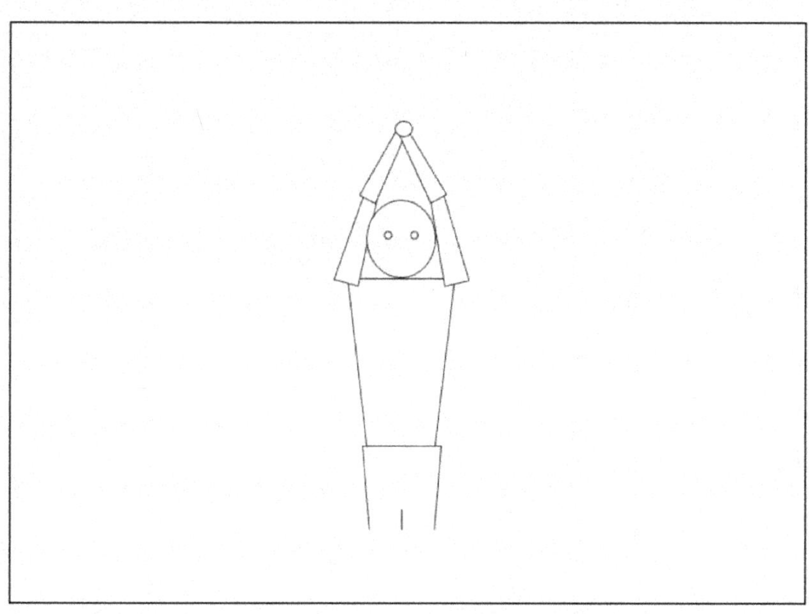

62

OBJETIVO PRINCIPAL: Estiramiento.

OBJETIVO SECUNDARIO: Estiramiento específico del pectoral.

EXPLICACIÓN: inclinamos el tronco hacia delante y enlazamos los brazos por detrás de la espalda.

OBSERVACIONES: Aplicar la tensión adecuada.

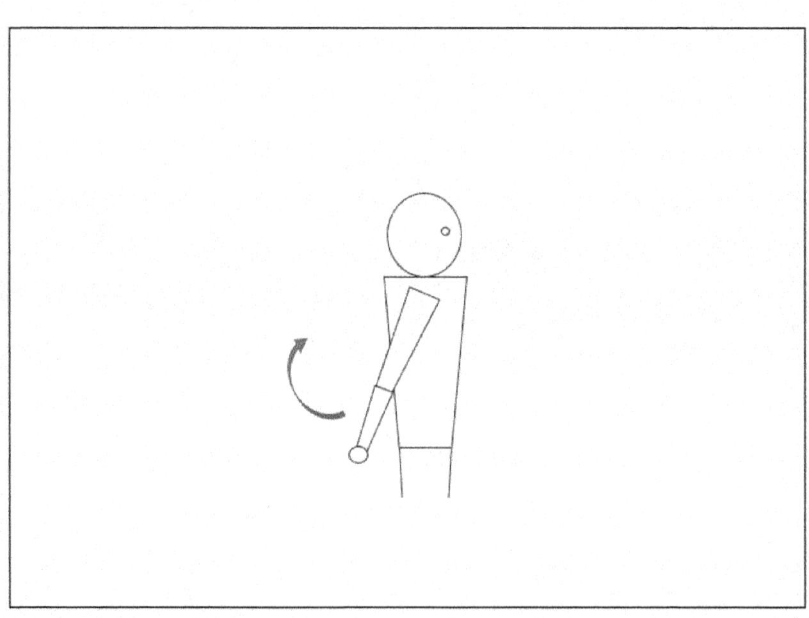

63

OBJETIVO PRINCIPAL: Estiramiento.

OBJETIVO SECUNDARIO: Estiramiento específico del deltoides.

EXPLICACIÓN: Pasamos un brazos por delante de la cabeza y lo llevamos al lado opuesto, con el contrario, aplicamos tensión buscando el estiramiento.

OBSERVACIONES: Aplicar la tensión adecuada.

64

OBJETIVO PRINCIPAL: Estiramiento.

OBJETIVO SECUNDARIO: Estiramiento específico del dorsal.

EXPLICACIÓN: Nos apoyamos en la pared o superficie plana inclinando el tronco hacia la misma y apoyando sobre ésta los brazos generando tensión para realizar el estiramiento.

OBSERVACIONES: Aplicar la tensión adecuada.

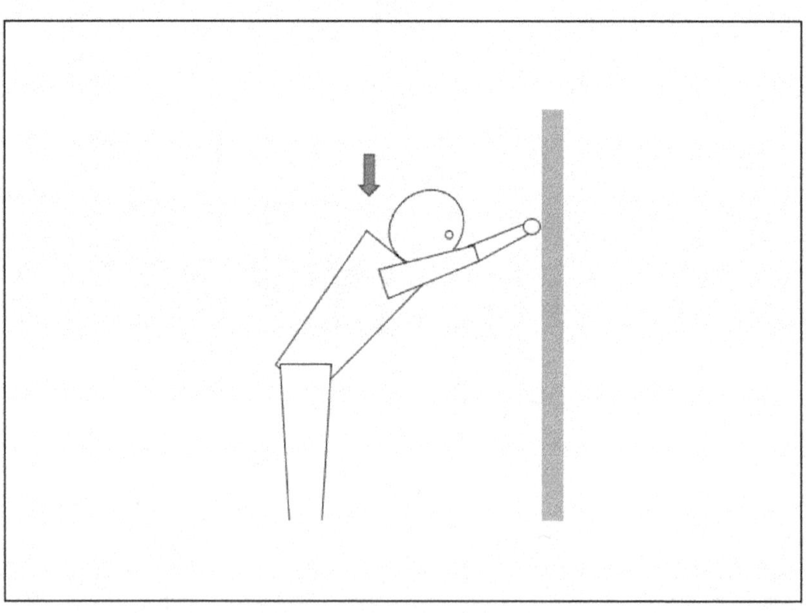

65

OBJETIVO PRINCIPAL: Estiramiento

OBJETIVO SECUNDARIO: Estiramiento específico del gemelo.

EXPLICACIÓN: Colocamos una pierna delante de la otra, flexionada de forma que
en la de atrás se genere tensión produciéndose el estiramiento.

OBSERVACIONES: Aplicar la tensión adecuada.

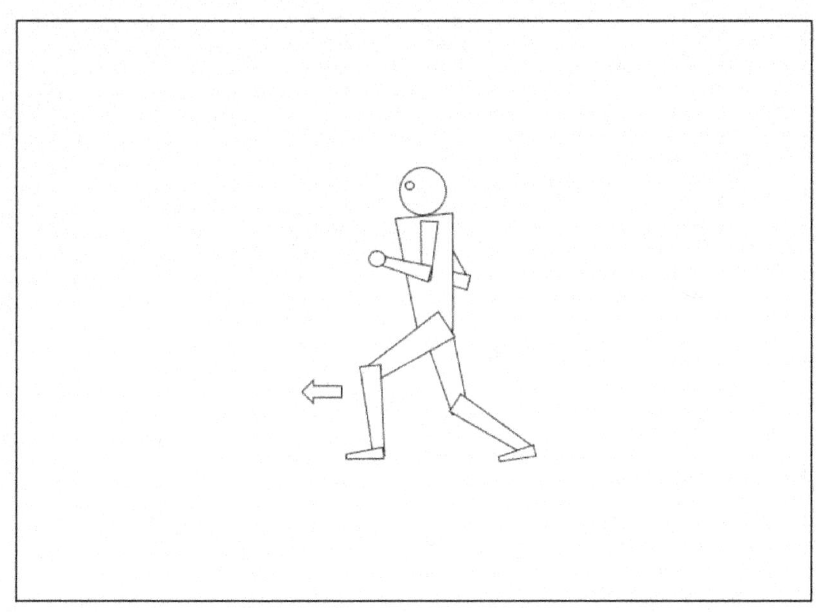

66

OBJETIVO PRINCIPAL: Estiramiento.

OBJETIVO SECUNDARIO: Estiramiento específico de lumbar.

EXPLICACIÓN: Nos colocamos en el suelo con las rodillas flexionadas y el tronco elevado hacia delante con los brazos estirados por encima de la cabeza generando tensión buscando el estiramiento.

OBSERVACIONES: Aplicar la tensión adecuada.

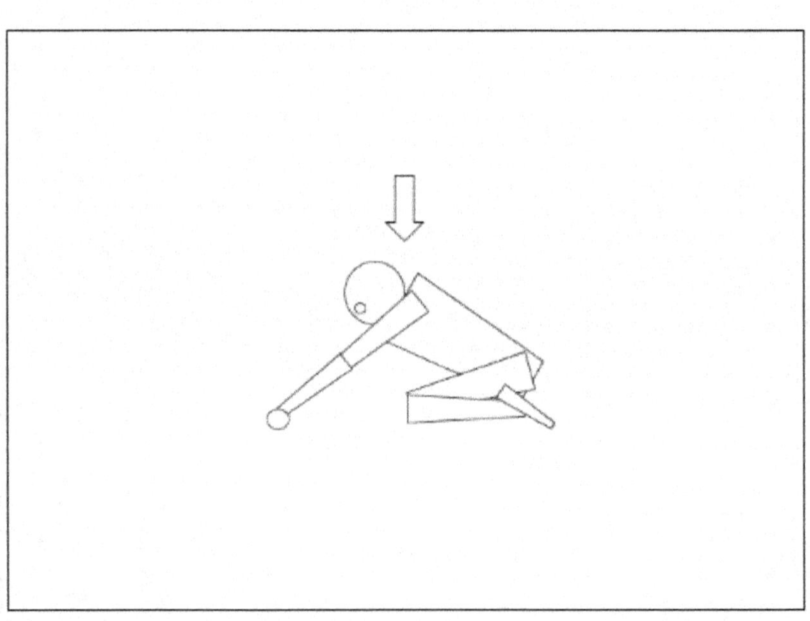

67

OBJETIVO PRINCIPAL: Estiramiento.

OBJETIVO SECUNDARIO: Estiramiento específico de tríceps y deltoides.

EXPLICACIÓN: Flexionamos el brazo por detrás de la cabeza tocando nuestra nuca con la palma de la mano, con el brazo opuesto generamos tensión buscando el estiramiento.

OBSERVACIONES: Aplicar la tensión adecuada.

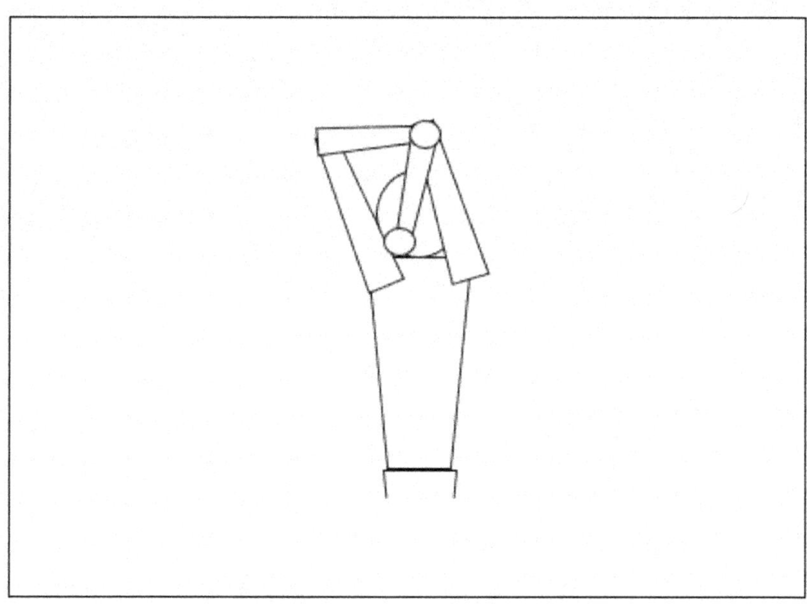

68

OBJETIVO PRINCIPAL: Estiramiento.

OBJETIVO SECUNDARIO: Estiramiento específico de cuádriceps.

EXPLICACIÓN: Flexionamos una pierna hacia atrás, pegando el talón de nuestro pie al glúteo, sostenemos con una de nuestras manos le pie de manera que generemos tensión.

OBSERVACIONES: Aplicar la tensión adecuada.

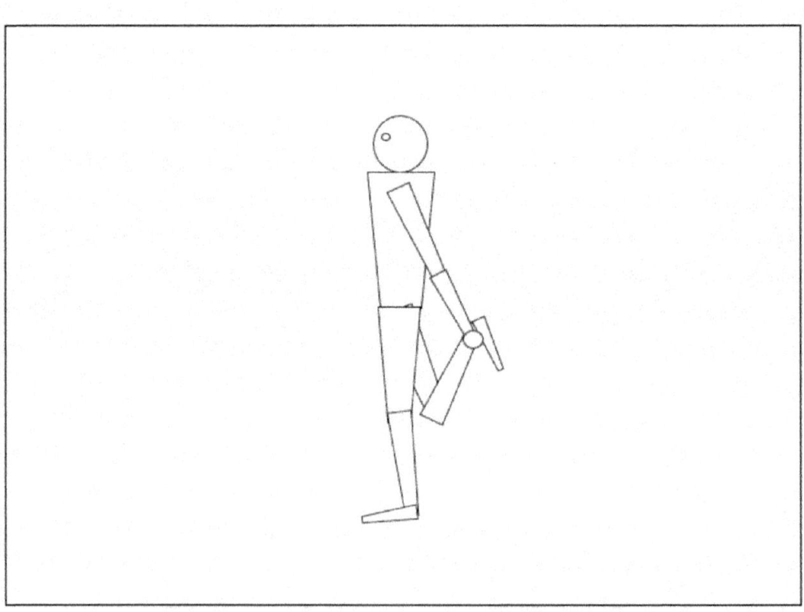

69

OBJETIVO PRINCIPAL: Estiramiento.

OBJETIVO SECUNDARIO: Estiramiento específico de femoral y gemelo.

EXPLICACIÓN: Flexionamos una pierna y estiramos la otra, buscando tocar con la mano la punta del pie de la misma de forma que generemos tensión.

OBSERVACIONES: Aplicar la tensión adecuada.

70

OBJETIVO PRINCIPAL: Estiramiento

OBJETIVO SECUNDARIO: Estiramiento específico de glúteo y femoral.

EXPLICACIÓN: Cruzamos una pierna por delante de la otra e inclinamos nuestro tronco para tocarnos los pies de forma que estiremos glúteo y femoral.

OBSERVACIONES: Aplicar la tensión adecuada.

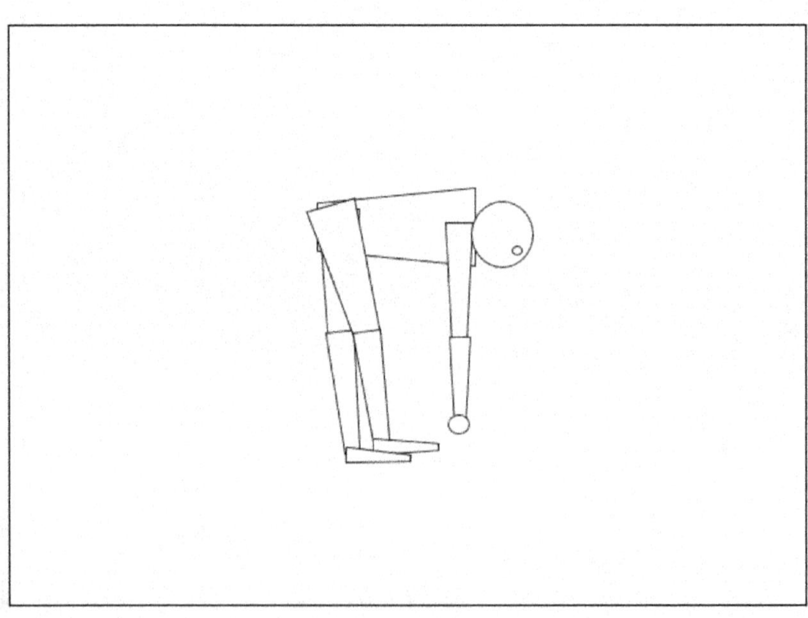

71

OBJETIVO PRINCIPAL: Estiramiento.

OBJETIVO SECUNDARIO: Estiramiento específico de aductores.

EXPLICACIÓN: Nos sentamos en el suelo con las piernas dobladas de forma que las rodillas queden hacia el exterior en posición de "mariposa" y sujetamos nuestros pies buscando el estiramiento de abductores.

OBSERVACIONES: Aplicar la tensión adecuada.

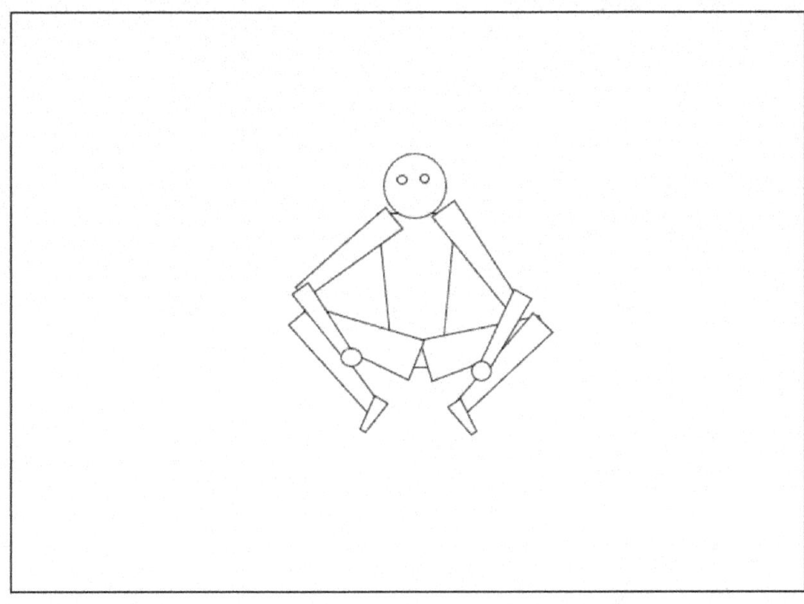

72

OBJETIVO PRINCIPAL: Estiramiento.

OBJETIVO SECUNDARIO: Estiramiento específico de cuádriceps y tobillo.

EXPLICACIÓN: Flexionamos las rodillas y apoyamos glúteos sobre los gemelos colocando los brazos por detrás del cuerpo buscando el estiramiento de cuádriceps y tobillo.

OBSERVACIONES: Aplicar la tensión adecuada.

73

OBJETIVO PRINCIPAL: Estiramiento.

OBJETIVO SECUNDARIO: Estiramiento específico de lumbar.

EXPLICACIÓN: Nos tumbamos boca arriba y llevamos las rodillas flexionadas hacia nuestro pecho, agarrándolas con ambas manos buscando generar tensión para que se dé el estiramiento.

OBSERVACIONES: Aplicar la tensión adecuada.

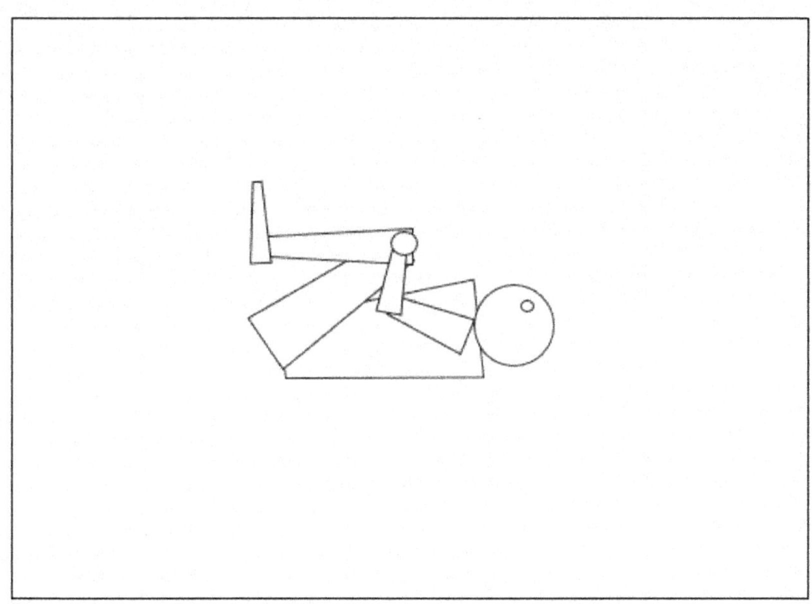

74

OBJETIVO PRINCIPAL: Fortalecimiento del tren superior.

EXPLICACIÓN: En posición de cuadrupedia, con las rodillas y las palmas de las manos apoyadas en el suelo, realizamos flexión y extensión de brazos a la altura de los hombros.

OBSERVACIONES: Se trata de un ejercicio de autocarga enfocado al fortalecimiento de brazos.

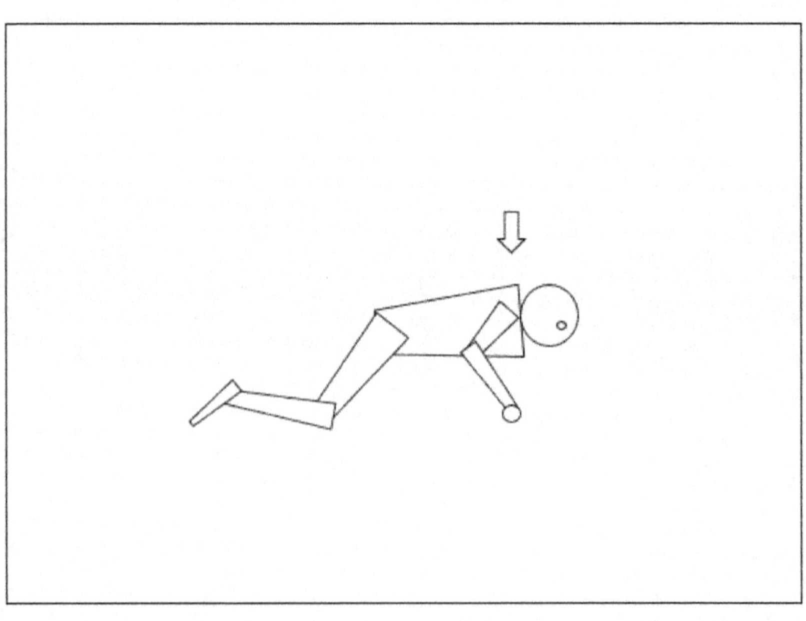

75

OBJETIVO PRINCIPAL: Fortalecimiento del tren superior.

EXPLICACIÓN: Nos tumbamos boca abajo con las manos apoyadas en el suelo, y en esta posición flexionamos y extendemos los brazos sin levantar las piernas del suelo.

OBSERVACIONES: Se trata de un ejercicio de autocarga enfocado al fortalecimiento de brazos.

76

OBJETIVO PRINCIPAL: Fortalecimiento del tren superior.

EXPLICACIÓN: En posición de cuadrupedia pero en este caso apoyados sobre las puntas de los pies y las manos. Se trata de pasar del apoyo con la punta de los dedos a toda la palma de la mano, manteniendo siempre los brazos y las piernas extendidas.

OBSERVACIONES: Se trata de un ejercicio de autocarga enfocado al fortalecimiento de brazos.

77

OBJETIVO PRINCIPAL: Fortalecimiento de tren superior.

EXPLICACIÓN: En posición de "fondo de brazos", abrimos en salto los brazos al máximo y regresamos a la posición inicial.

OBSERVACIONES: Se trata de un ejercicio de autocarga enfocado al fortalecimiento de brazos.

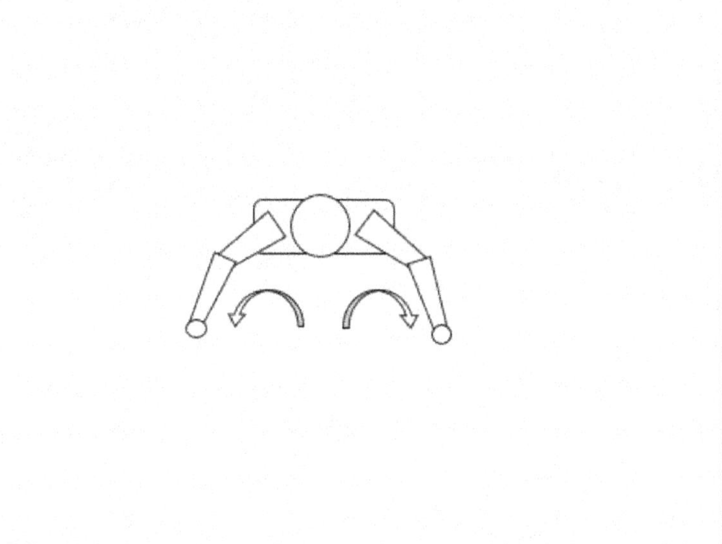

78

OBJETIVO PRINCIPAL: Fortalecimiento del tren superior.

EXPLICACIÓN: Nos colocamos sobre apoyo dorsal extendido y con el apoyo de las manos atrás. En esta posición llevamos a cabo flexión y extensión de brazos.

OBSERVACIONES: Se trata de un ejercicio de autocarga enfocado al fortalecimiento de brazos.

79

OBJETIVO PRINCIPAL: Fortalecimiento del tren superior.

EXPLICACIÓN: Nos colocamos tumbados boca abajo con el apoyo de las manos en el suelo. En esta posición realizamos extensión de brazos y creando el apoyo de las manos damos una palmada.

OBSERVACIONES: Se trata de un ejercicio de autocarga enfocado al fortalecimiento de brazos.

80

OBJETIVO PRINCIPAL: Fortalecimiento del tronco.

EXPLICACIÓN: Nos sentamos con las piernas extendidas y apoyadas en el suelo, los brazos los apoyamos hacia atrás. Realizamos desplazamiento de las piernas sobre el tronco. Elevación y descenso de una pierna y así sucesivamente.

OBSERVACIONES: Se trata de un ejercicio de autocarga enfocado al fortalecimiento del abdomen.

81

OBJETIVO PRINCIPAL: Fortalecimiento del tronco.

EXPLICACIÓN: Nos sentamos con las piernas extendidas y apoyadas en el suelo y los brazos apoyados hacia atrás y en este posición realizamos tijeras horizontales y verticales (con las piernas), abrimos y cerramos subiendo y bajando.

OBSERVACIONES: Se trata de un ejercicio de autocarga enfocado al fortalecimiento del abdomen.

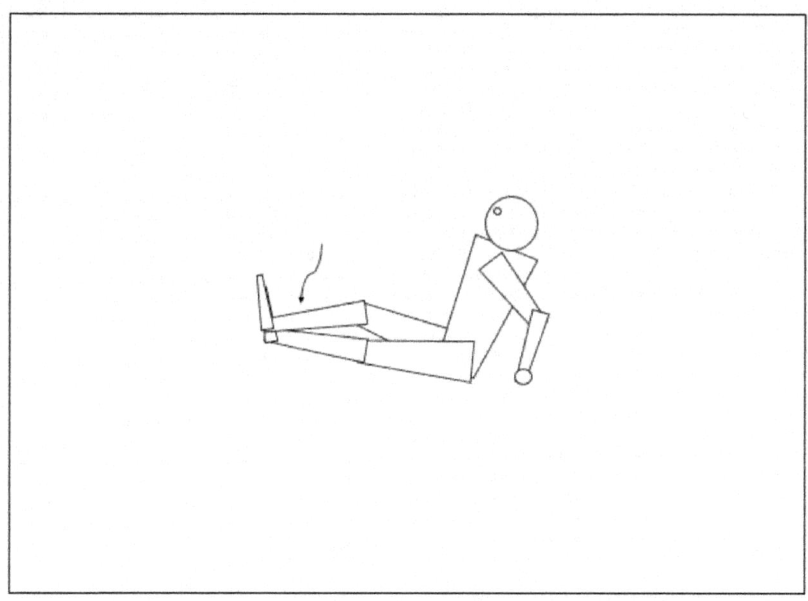

82

OBJETIVO PRINCIPAL: Fortalecimiento del tronco.

EXPLICACIÓN: Nos sentamos con las piernas extendidas apoyadas en el suelo y los brazos apoyados hacia atrás. En esta posición realizamos con las piernas "bicicleta" hacia adelante y hacia atrás.

OBSERVACIONES: Se trata de un ejercicio de autocarga enfocado al fortalecimiento del abdomen.

83

OBJETIVO PRINCIPAL: Fortalecimiento del tronco.

EXPLICACIÓN: Nos tumbamos boca arriba con los brazos extendidos. Se trata de abrir y cerrar las piernas, las cuales deben estar también extendidas (tijeras) por encima del tronco.

OBSERVACIONES: Se trata de un ejercicio de autocarga enfocado al fortalecimiento del abdomen.

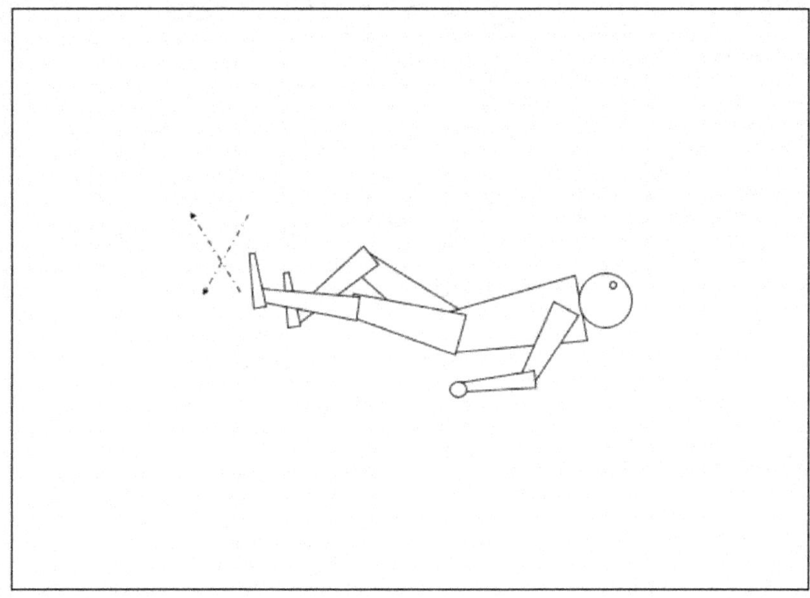

84

OBJETIVO PRINCIPAL: Fortalecimiento del tronco.

EXPLICACIÓN: Nos tumbamos boca arriba con los brazos extendidos a lo largo del cuerpo. Se trata de realizar tijeras pero en este caso verticales buscando el desplazamiento de las piernas sobre el tronco.

OBSERVACIONES: Se trata de un ejercicio de autocarga enfocado al fortalecimiento del abdomen.

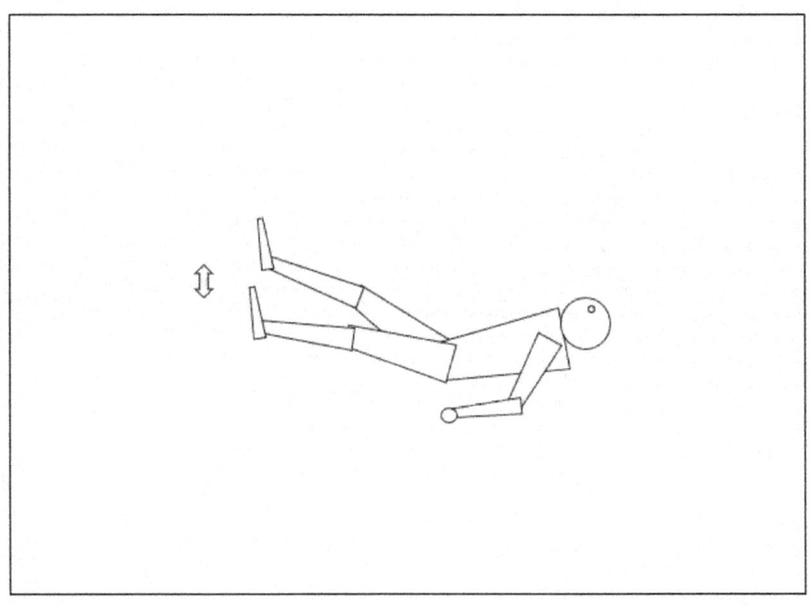

85

OBJETIVO PRINCIPAL: Fortalecimiento del tronco.

EXPLICACIÓN: Nos tumbamos boca arriba con los brazos extendidos a lo largo del cuerpo y las piernas extendidas pero en este caso elevadas del suelo. Se trata de flexionar y estirar las piernas sin tocar el suelo.

OBSERVACIONES: Se trata de un ejercicio de autocarga enfocado al fortalecimiento del abdomen.

86

OBJETIVO PRINCIPAL: Fortalecimiento del tronco.

EXPLICACIÓN: Nos tumbamos boca arriba con las rodillas semi flexionadas, los pies juntos y los brazos pegados al cuerpo. Elevamos el tronco y los brazos hasta que las manos toquen las rodillas.

OBSERVACIONES: Se trata de un ejercicio de autocarga enfocado al fortalecimiento del abdomen.

87

OBJETIVO PRINCIPAL: Fortalecimiento del tronco.

EXPLICACIÓN: Nos tumbamos boca arriba con las piernas extendidas en el aire con una inclinación de unos 45 grados. En esta posición realizamos elevaciones de tronco hasta tocar con las manos las puntas de los pies.

OBSERVACIONES: Se trata de un ejercicio de autocarga enfocado al fortalecimiento del abdomen.

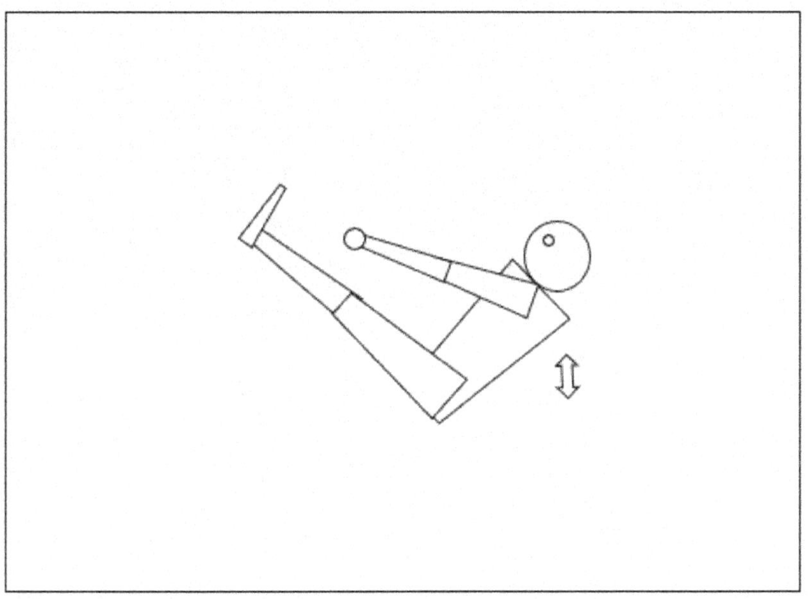

88

OBJETIVO PRINCIPAL: Fortalecimiento del tronco.

EXPLICACIÓN: Nos sentamos con las manos apoyadas detrás del cuerpo y el tronco inclinado hacia atrás. Se trata de elevar las piernas extendidas, acercarlas al tronco y realizar una palmada por detrás de los muslos.

OBSERVACIONES: Se trata de un ejercicio de autocarga enfocado al fortalecimiento del abdomen.

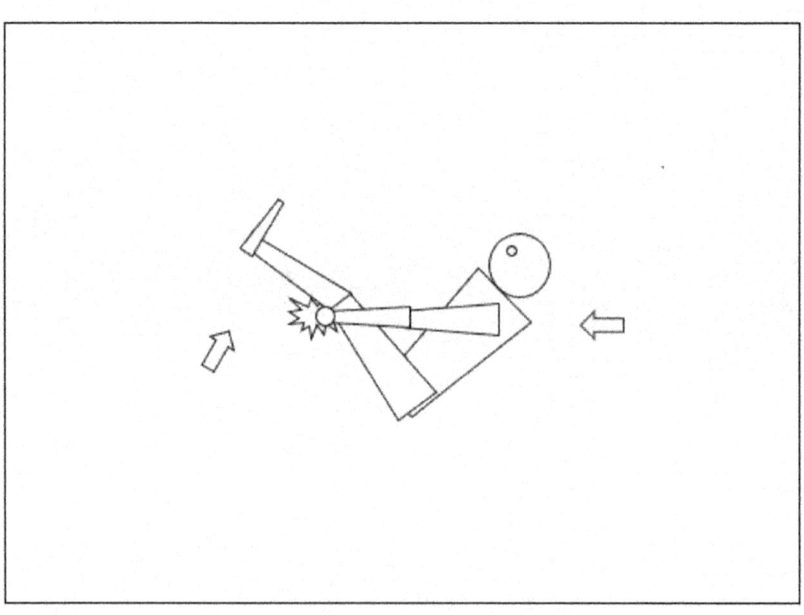

89

OBJETIVO PRINCIPAL: Fortalecimiento del tronco.

EXPLICACIÓN: Nos sentamos con los brazos y las piernas extendidas a lo largo del cuerpo. Se trata de rodar hacia atrás y tocar el suelo, volver a sentarse y tocar los pies con las manos.

OBSERVACIONES: Se trata de un ejercicio de autocarga enfocado al fortalecimiento del abdomen.

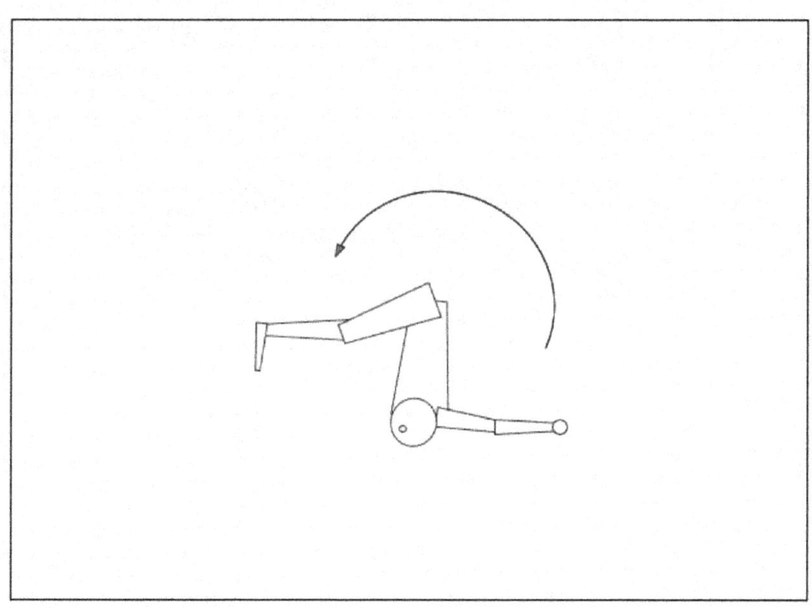

90

OBJETIVO PRINCIPAL: Fortalecimiento del tronco.

EXPLICACIÓN: Nos colocamos de pie, con los brazos extendidos o las manos en la nuca (ambas son válidas). En esta posición, realizamos flexión lateral del tronco hacia un lado y hacia el otro.

OBSERVACIONES: Se trata de un ejercicio de autocarga enfocado al fortalecimiento del abdomen.

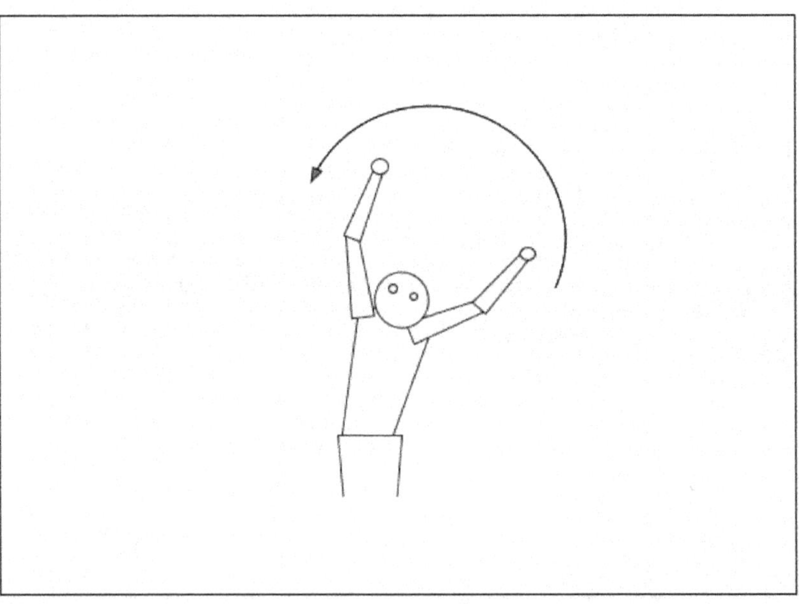

91

OBJETIVO PRINCIPAL: Fortalecimiento del tronco.

EXPLICACIÓN: Nos tendemos de forma lateral con los brazos extendidos y levantamos de manera simultánea los brazos y las piernas.

OBSERVACIONES: Se trata de un ejercicio de autocarga enfocado al fortalecimiento de oblicuos.

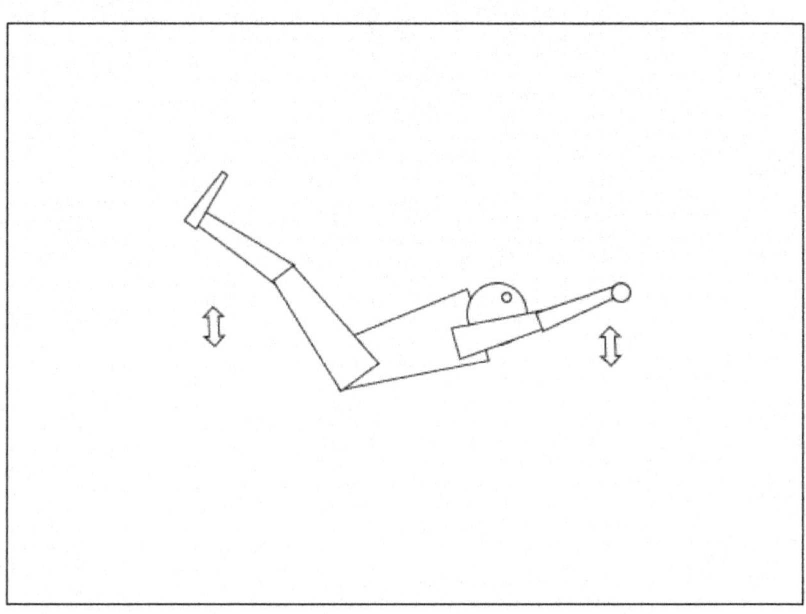

92

OBJETIVO PRINCIPAL: Fortalecimiento del tronco.

EXPLICACIÓN: Nos tumbamos boca arriba con los brazos colocados en cruz. Se trata de levantar las piernas extendidas de un lado y después del otro, rozando el suelo con los pies al pasar delante del cuerpo.

OBSERVACIONES: Se trata de un ejercicio de autocarga enfocado al fortalecimiento de oblicuos.

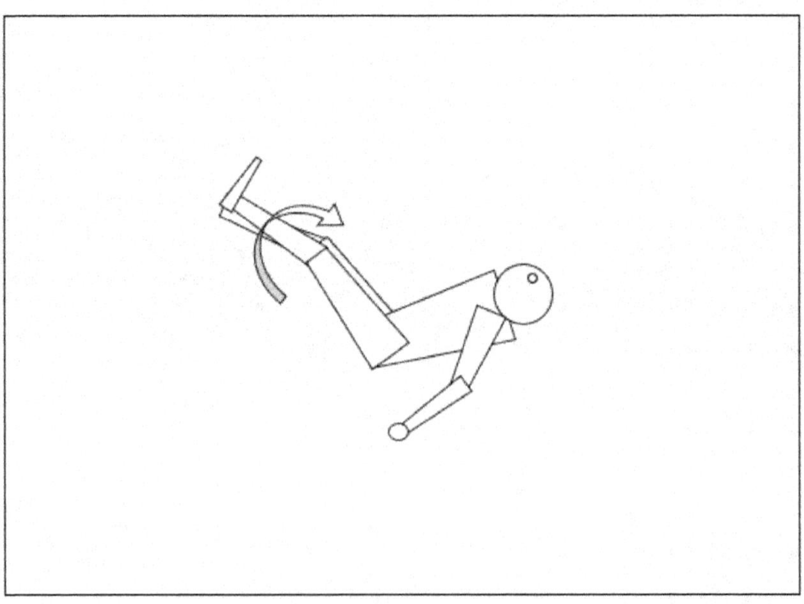

93

OBJETIVO PRINCIPAL: Fortalecimiento del tronco.

EXPLICACIÓN: Nos tumbamos boca arriba con las manos en la nunca y las piernas flexionadas. En esta posición elevamos el tronco y giramos hacia un lado, volvemos a la posición inicial y repetimos el movimiento hacia el otro lado.

OBSERVACIONES: Se trata de un ejercicio de autocarga enfocado al fortalecimiento de oblicuos.

94

OBJETIVO PRINCIPAL: Fortalecimiento del tren inferior.

EXPLICACIÓN: Nos colocamos de pie, y descendemos sobre la flexión de la rodilla de una pierna. La otra permanece extendida. Regresamos a la posición de inicio y lo realizamos con la otra pierna.

OBSERVACIONES: Se trata de un ejercicio de autocarga enfocado al fortalecimiento de piernas.

95

OBJETIVO PRINCIPAL: Fortalecimiento del tren inferior.

EXPLICACIÓN: Nos colocamos de pie con los brazos en la nuca o extendidos, como se prefiera. En esta posición realizamos flexión y extensión de piernas.

OBSERVACIONES: Se trata de un ejercicio de autocarga enfocado al fortalecimiento de brazos.

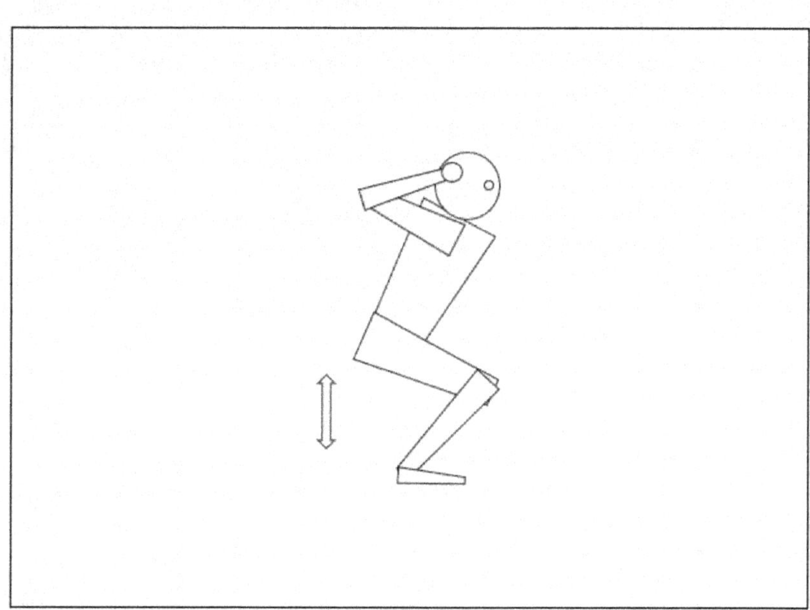

96

OBJETIVO PRINCIPAL: Fortalecimiento del tren inferior.

EXPLICACIÓN: Nos apoyamos sobre un pierna la cual, debe estar flexionada, la otra pierna la colocamos extendida hacia atrás, el tronco inclinado y una de las manos la apoyamos en el suelo. A continuación, saltamos al frente extendiendo el cuerpo.

OBSERVACIONES: Se trata de un ejercicio de autocarga enfocado al fortalecimiento de piernas.

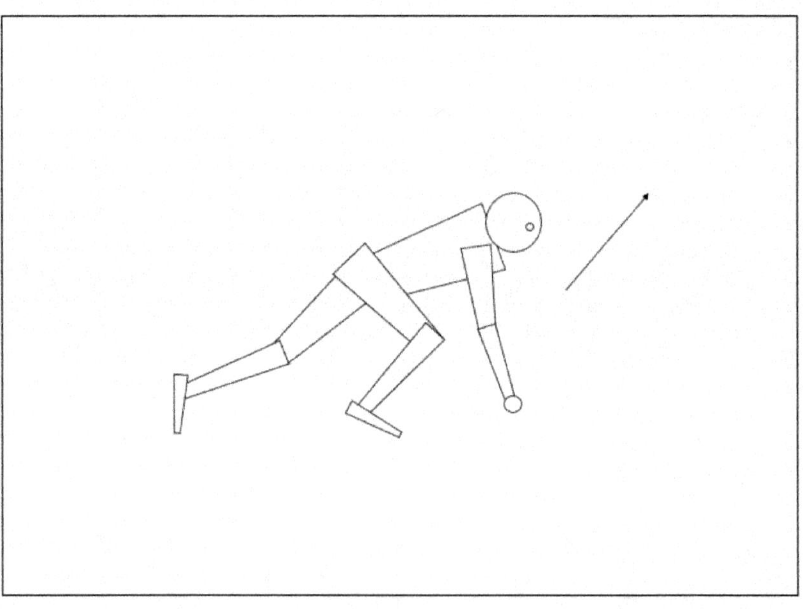

97

OBJETIVO PRINCIPAL: Fortalecimiento del tren inferior.

EXPLICACIÓN: Nos colocamos en cuclillas y realizamos extensión de piernas y elevación de una rodilla al pecho.

OBSERVACIONES: Se trata de un ejercicio de autocarga enfocado al fortalecimiento de piernas.

98

OBJETIVO PRINCIPAL: Fortalecimiento del tren inferior.

EXPLICACIÓN: Nos colocamos de pie y realizamos saltos verticales.

OBSERVACIONES: Se trata de un ejercicio de autocarga enfocado al fortalecimiento de piernas.

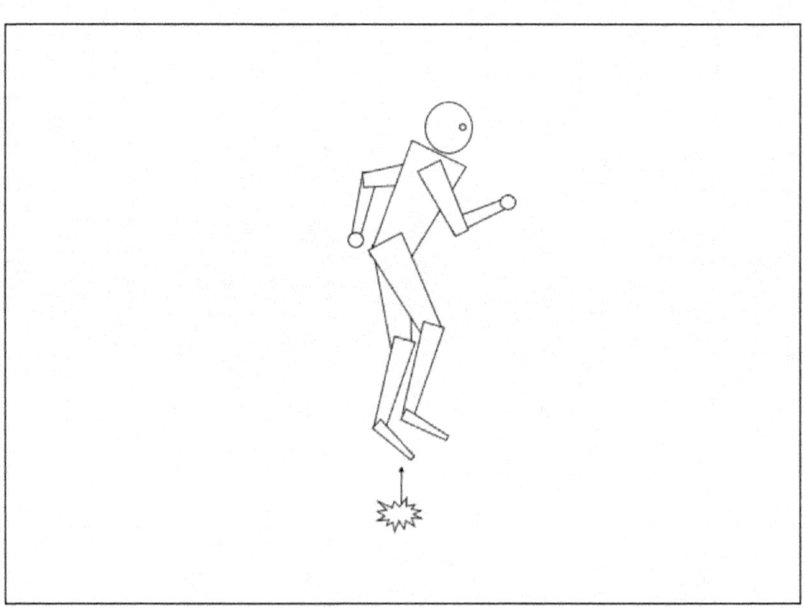

99

OBJETIVO PRINCIPAL: Fortalecimiento del tren inferior.

EXPLICACIÓN: Nos colocamos de pie y realizamos saltos con los pies juntos y de forma lateral.

OBSERVACIONES: Se trata de un ejercicio de autocarga enfocado al fortalecimiento de piernas.

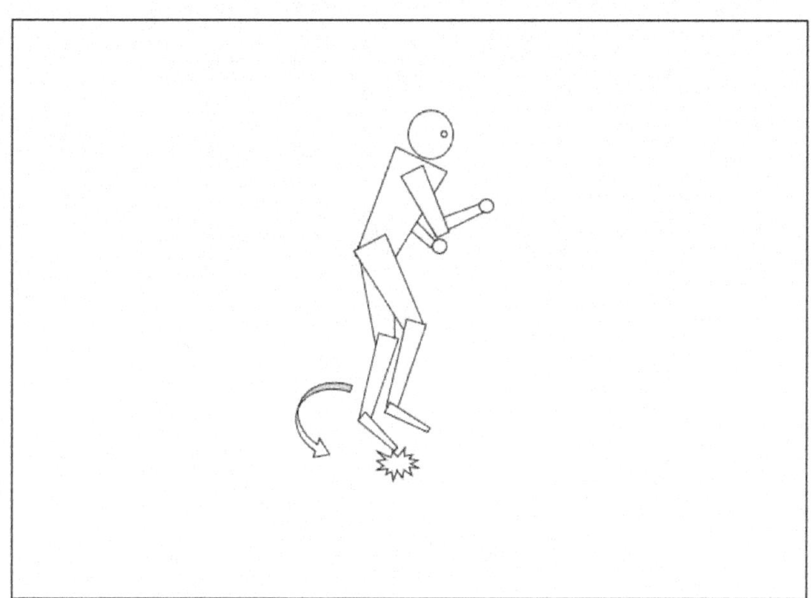

100

OBJETIVO PRINCIPAL: Fortalecimiento del tren inferior.

EXPLICACIÓN: Nos colocamos de pie con los pies separados a la altura de los hombros. En esta posición realizamos saltos elevando las rodillas al pecho.

OBSERVACIONES: Se trata de un ejercicio de autocarga enfocado al fortalecimiento de piernas.

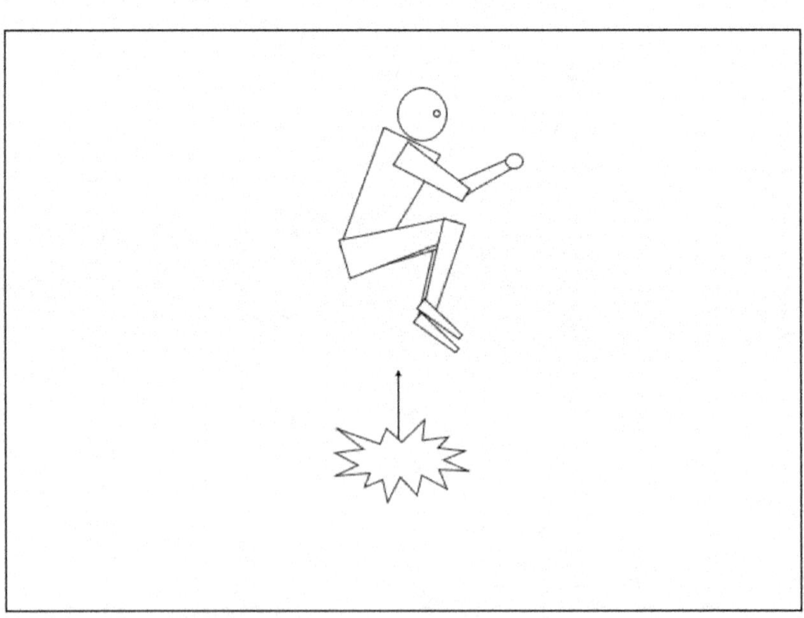